U0056172

人生因利他而豐富

一位外科醫師的行醫路

張耀仁醫師——主述

稅素芃——撰文

作者簡介

主述——張耀仁

生於一九五二年，臺中后里。畢業於臺灣大學醫學系，日本國立滋賀醫科大學醫學博士、美國麻省總醫院消化外科臨床研究員。現任臺北慈濟醫院副院長、臺北慈濟醫院一般外科主治醫師、部定外科教授。

專長為乳房外科、肝膽外科、大腸直腸外科、幹細胞治療等。曾任臺大醫院住院醫師、總醫師、主治醫師；羅東博愛醫院醫務副院長、花蓮慈濟醫院副院長。曾長年服務於醫療資源較為匱乏的羅東、花蓮等地，至今仍定期往返花蓮，為花東病人診療，他是醫護人員心中醫術精湛的「張一刀」，更是病人口中視病如親的好醫師。

長期參與「國際慈濟人醫會」海內外義診服務，除臺灣各地外，所到之處包括強震後的四川、尼泊爾，以及印尼巴淡島、內蒙、貴州、越南、斯里蘭卡等地，多不勝數。他深信從醫者的本懷是愛與尊重、人道關懷，而這也是慈濟醫療人文精神之所在。

撰文——稅素芃

畢業於臺灣大學圖書館學系，曾任職電視臺、報社與雜誌社等媒體逾二十年，現為文字工作者。愛好文學，樂於書寫不同的人生風景。曾出版《現代兒童的生活世界》、《翻轉人生》等書。

張耀仁的童年（第二排右四），與小學老師與同學在校合影。

左：臺中一中高一時的張耀仁。

右：臺大新鮮人時期。

臺大醫學院學生參加全臺醫學院際的足球賽獲獎，張耀仁在後排右二。

左：張耀仁（右）在臺大醫科踢足球時的一身勁裝。

右：張耀仁在大學時期，回后里馬場騎馬，與同學敘舊。

左：臺大醫學系畢業，張耀仁與雙親合影。

右：於屏東龍泉陸戰隊當兵時的留影，右為張耀仁。

臺大醫院實習醫師時的留影。從左至右分別是林聖哲、張耀仁、范慰萍、郭漢崇、林俊立。

1982年，張耀仁迎娶高自芬，兩人結為連理，攝於臺中家鄉。

張耀仁攜妻兒、母親於蘇澳沙灘散步。

張耀仁的婚禮上，恩師洪啟仁教授是主婚人。

留日期間，張耀仁（左）與老師小澤和惠教授（右）合影留念。

參與研討會時，張耀仁（中）與恩師陳楷模教授（右）合影。

花蓮慈濟醫院啟業時，四大科主任合影，左起：外科主任張耀仁、婦科主任楊朝融、內科主任劉楨輝、兒科主任洪茂榕。

張耀仁與慈濟師姊攜帶著小志工，一起在花蓮街頭為南亞海嘯勸募。

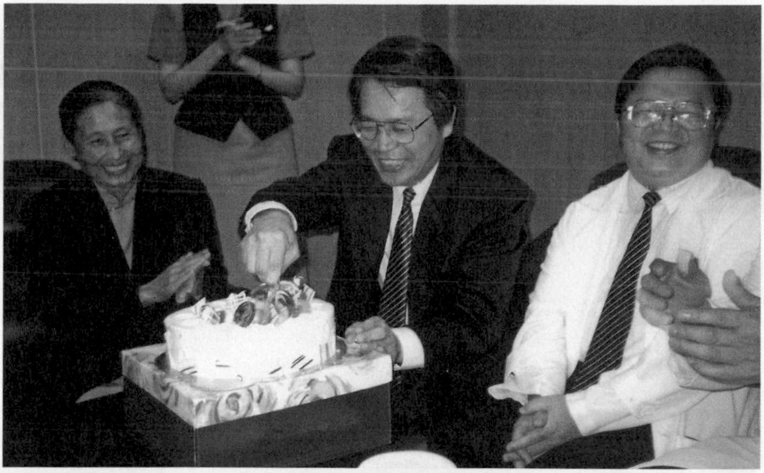

慈院同仁為張耀仁慶生。（左為林碧玉副總，右為陳英和院長）

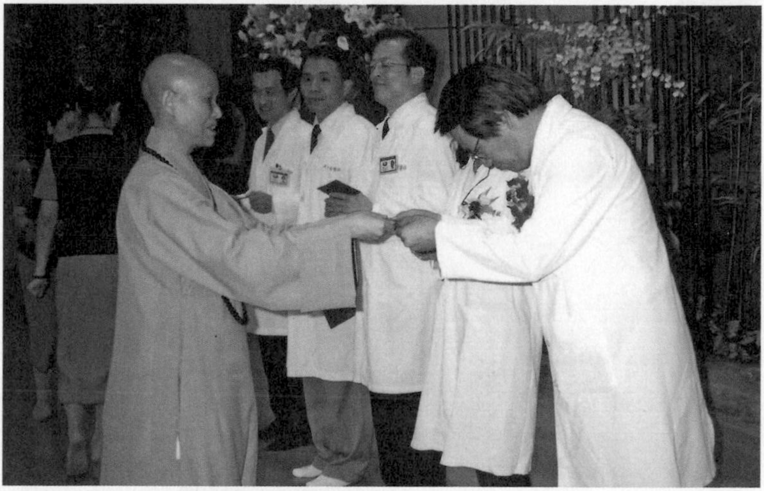

張耀仁(右一)參與慈濟歲末祝福，證嚴法師贈予福慧紅包。左起，郭漢崇、黃士哲、林憲宏皆為臺大同班同學，為理想一起來到當年醫師極為匱乏的花蓮慈濟醫院服務。

張耀仁（持麥克風者）主持慈恩慈愛連體嬰分割會議，團隊醫師正以模型進行切割手術細節的模擬。

張耀仁抱著切割成功的菲律賓連體嬰慈恩、慈愛合影。

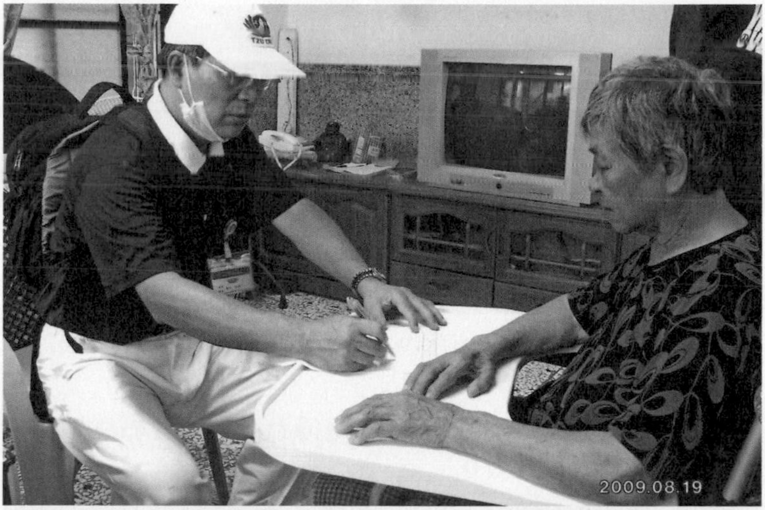

張耀仁在八八風災時，前往屏東林邊協助災民，進行居家往診。

左：張耀仁參與慈濟人醫會，在臺東瑞源社區進行義診。
右：張耀仁在國際慈濟人醫會年會，分享國際醫療援助的經驗與個案。

左：1999年，張耀仁參與慈濟在貴州舉辦的賑災發放與義診，當地孩子拿到米餅，開心地笑了。

右：貴州義診期間，當地鄉親因醫療資源匱乏，右手嚴重潰爛，幸好張耀仁前來救急。

1999年，慈濟在貴州山區的羅甸舉辦冬令發放，當地鄉親排成人龍，甚為壯觀。

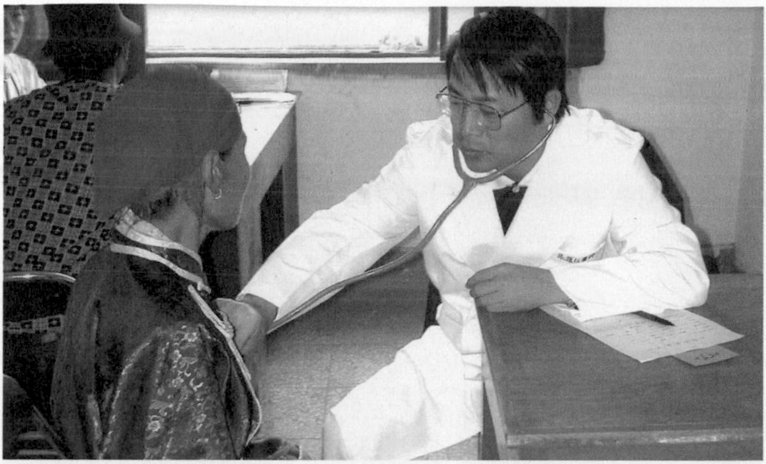

2001年，內蒙古連續三、四年旱災，生活困頓，張耀仁自費自假參與慈濟內蒙古義診。

2001年，內蒙古的鄉親為歡迎並感謝慈濟人，在草原上舉辦已停辦四年的「那達慕」盛會，張耀仁與蒙古力士合影。

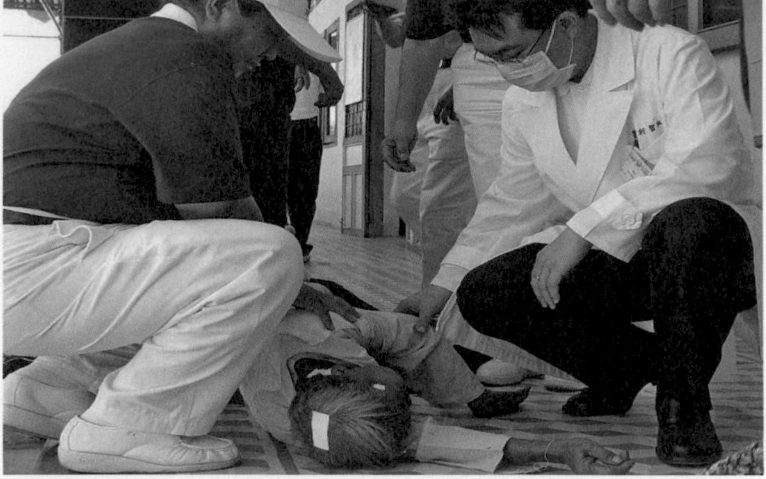

2004年，越南茶榮省義診現場，一位越南老太太沒吃早餐又徒步來看診，體力不支突然昏倒了過去，張耀仁立刻前往看治。

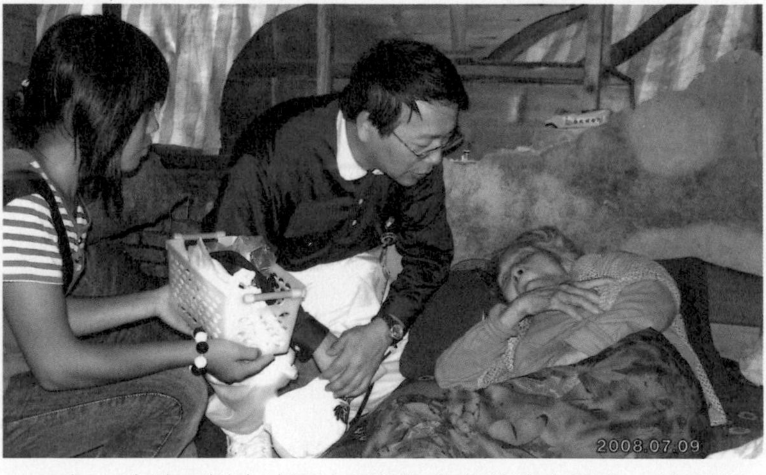

2008年，大陸四川大地震，張耀仁參與慈濟人醫會，前往災民家中義診。

2013年，張耀仁（左）與臺北慈院榮譽顧問一般外科游憲章醫師（時任副院長）、一般外科主任伍超群主任（右）一起前往印尼巴淡島義診，進行外科手術，合影於機場。

2002年，印尼義診手術後，張耀仁（左）與來自新加坡的兔脣專家馮寶興醫師合影。

2015年，張耀仁在尼泊爾悶熱的帳棚裡，為患有腦水腫且褥瘡深可見骨的芊迪進行大面積清創，須一邊治療一邊驅趕蚊蠅。

張耀仁（左二）一行慈濟人，在尼泊爾復健醫院遇到一位揹著生病孩子行走四天三夜前來看病的父女，師兄們不忍，立即掏腰包協助。

張耀仁參與尼泊爾賑災，除了義診外，也協助發放熱食。

2015年，尼泊爾強震，慈濟賑災團前往義診、發放，天龍喜悅輪尼院嘉旺竹巴法王(Gyalwang Drukpa)託弟子致贈一尊金身佛像給慈濟，由張耀仁代表接受。（攝影／簡淑絲）

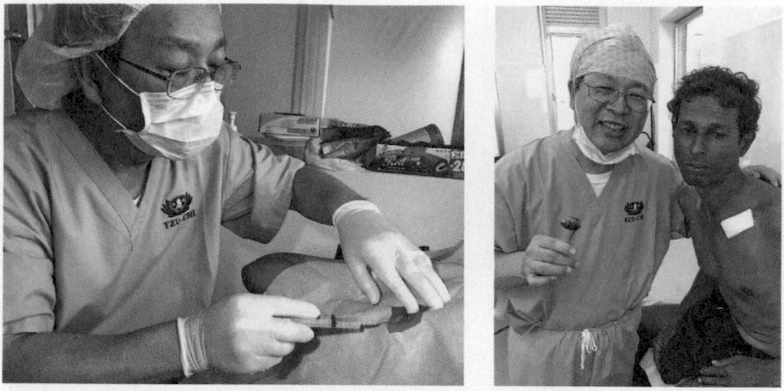

2018年，在斯里蘭卡義診是以倉庫為簡易手術房，張耀仁每天排定十幾臺刀，馬不停蹄的開，雖辛苦但能幫病人取下腫瘤、解除病痛，他總是開心的，右圖為拿著腫瘤與病人合影。

在斯里蘭卡狹小的臨時義診手術室裡，張耀仁（倒數第二排右三）與慈濟團隊合影。（右二為林欣榮院長）

※本書未標示攝影者之照片，皆為張耀仁醫師所提供。

推薦序

微塵人生，奈米良能

——釋證嚴（佛教慈濟功德會創辦人）

時間可以成就志業，累積一切功德；三十三年前，醫療志業以花蓮慈院為濫觴，目前，臺灣有七座醫院，海外也有蘇州門診部，無時不刻都在發揮治病救人的功能。回想彼時，東部花蓮如同醫療的沙漠，一旦有急病或者重傷患只能往西部送；但是交通困難，北迴鐵路尚未通車，有些車禍骨折傷患不能隨意移動，只能求諸航空。

印象很深刻的，有位年輕小姐一早騎腳踏車上班途中，剛好花蓮客運從車庫開車出來，居然撞倒這位小姐，後輪又輾過她一條腿；緊急送醫，院方診斷她的腿是保住了，但一輩子得坐輪椅。她才二十來歲的花樣年華，又是獨生女，父母很不捨；這女孩的同事也是慈濟委員，即刻向本會求援。幸好當時長庚醫院有位施大夫一向護持本會，幾經聯繫，將這位年輕小姐送上小飛機，輾轉送到林口緊急手術。施大夫表示，雖然骨盆裂開，幸未傷到神經，手術隔天一早，這位小姐已經安然站在窗邊欣賞風景了。

當時這一例個案帶給我很大的衝擊，不得不正視後山醫療落伍的事實。同時也讓我見識到外科手術化腐朽為神奇的本事。啟建慈院期間，很感恩臺大外科陳楷模主任謹遵母親慈囑，全力協助師父，厚植慈院外科實力。於是在與臺大醫院建教合作的基礎上，除了剛結束總醫師訓練的陳英和自願來花蓮就任外，陳主任又指派得意門生張耀仁來到花蓮接外科主任。

張耀仁受教於臺大手指切肝權威的林天祐教授，臺灣心臟外科第一人的洪啟仁教授，肝臟移植權威的李治學教授，將手術化為藝術演出的魏達成教授，治療甲狀腺權威的廖廣義教授，小兒外科權威的陳秋江教授和陳維昭教授，以及親自指導張耀仁的恩師陳楷模教授。有明師提點，加上他資質優異，又十分用功，對他的行醫生涯起了很重要的作用。

當時，張耀仁帶著新婚妻子來到花蓮赴任，他接受臺大外科嚴謹完整的訓練，準備一展長才，為東部病患解除沉痾；而她，是文壇才女，東部的壯麗山河給予她源源不絕的寫作靈感。賢伉儷携手同行，為守護東部民眾的健康而定居花蓮。

因為有臺大醫院作後盾，前來支援的醫師多是張耀仁的前後期同學，行醫路上並不孤單。他也會盡地主之誼接待老同學，大家談著行醫淑世的共同理想。

奉派花蓮慈院支援兩年結束，張耀仁回到臺大繼續追隨明師陳楷模，專程赴日學習「內視鏡」的操作。兩年後，為羅東博愛醫院所延攬，擔任副院長的管理職長達十年，這期間，張耀仁又攜家帶眷赴日攻讀，只花了四年就拿到博士學位。直到九二一大地震發生，全臺慈濟人積極投入災區重建，膚慰災民做到安心、安身、安生活；張耀仁深受感動，想回慈濟的心愈來愈迫切。

總是師徒連心，因緣水到渠成；隔年，張耀仁重新回到慈濟的大家庭，這距離他離開慈濟已經整整十二年了。因應社會變遷，找他治療乳癌的患者愈來愈多，他也不斷地鑽研尋求解方，已成為臺灣治療乳癌的權威之一。何況慈濟團體以女眾居多數，患者口耳相傳，很放心的將自己如何跨過生命這層阻礙難關的決定權交給張耀仁。他一本醫者仁心，在療治病患的同時，心中那分大愛發於中自然就形於外；那種善解人意、體貼病患的心情，讓每位患者在接受醫治的同時，心中的百轉千折也被療癒了。

二〇〇五年，臺北慈院落成啟業，需要他回到臺北輔弼院長，張耀仁欣然赴任。他也是慈濟大學醫學系教授，常常回來花蓮指導後進，作育英才。而在海外義診方面，只要時間許可，他很樂意參加，總將每一次海內外的義診當作心靈充電的機會。

每一段新的人生歷程，都在為未來儲積能量；細讀本書，張耀仁副院長一生行醫的軌跡，為「微塵人生，奈米良能」作出最好的見證，今值《人生因利他而豐富：一位外科醫師的行醫路》即將出版，樂為之序。

推薦序

施比受更有福

——林俊龍（佛教慈濟醫療財團法人執行長）

張耀仁副院長是小我十一屆的臺大學弟，也是花蓮慈院啟業的首位外科主任。我們都曾在他書中所提的諸多認真、嚴謹的師長教導下，學習成為敬業的醫者，而選擇外科為職志的張耀仁，有超過二十載的光陰都是在慈濟度過的。

慈濟醫院草創之初，醫師、護理人才都缺乏，張耀仁在當時臺大外科主任陳楷模教授的建議下，願意來此承擔，一個人當好幾個人用，不論是自己動刀，或是臺大醫院外派來的醫師操刀，他都在現場協助，也逐步制定出當時外科的SOP，讓行政運作流程順暢，以期無縫接軌的照顧病人所需。

外科學習的養成時間長，往往也被社會所看重，然而張耀仁卻沒有典型外科醫師的霸氣，他為人謙虛，待人謙和有禮，從不自傲自大；更難得的是，他將個人精進的外科的專業，投入偏鄉服務，讓宜蘭、花蓮的鄉親也能有一流的醫師來照顧。

二〇〇〇年，他再度回到慈濟醫院。這回，他融合了慈濟志業的精神，更加全心投入，包括醫療人文的帶動、外科設備與技術的更新建置、需自費自假的海外義診，他無役不與，也讓醫療團隊更加蓬勃發展。

順帶一提，我們有許多醫師一去了海外義診，回來就變得謙卑了。不論是去了洪災、地震後的災區，或是窮鄉僻壤。義診時，總是因地就簡，無電之處，志工幫忙拿著手電筒，讓醫師看診、開刀。也曾在帳篷內，一邊揮著蚊蠅，一邊診療。往往醫師義診回來，滿心感恩：「怎麼開刀房的大燈這麼明亮、器械都準備得這麼齊全……」而再無怨言，這是見苦知福。

而張耀仁是本身就具有慈悲心，自動自發地前往義診。他在花蓮慈濟醫院服務期間，曾主持兩項國際級的艱難手術，讓世界看見慈濟醫療團隊。其一是，二〇〇三年菲律賓連體嬰慈恩、慈愛的分割手術，正是由他統籌主持、李明哲主刀，如今兩位小女孩已健康的踏入青春年華十六歲。其二是，二〇〇四年，他帶領醫療團隊為來自印尼，年僅五歲的河馬男孩諾文迪切除「巨大型齒堊質瘤」。這兩件醫界大事，讓慈濟醫療團隊揚名國際。

二〇〇五年，他移師臺北，擔任初啟業的臺北慈濟醫院副院長，同時負責外科的規劃，也為醫院網羅人才、進行員工訓練，但至今依然維持每月定期回到花蓮為鄉親看診、服務。他對病人非常關心，碰到經濟困難的病人，他會請社工、護理專師想辦法多方協助。書中，昔日病人林桑提到，「他開完刀，躺在加護病房裡時，張耀仁一天總要來探望他個四、五趟，在迷濛昏沈問，他隱約聽到他再三地提醒護理師，『這個病人開了大刀，一定要多加注意啊！有什麼事，要馬上來電！』當時林桑雖無法言語，但是對這位視病如親的主治醫師卻點滴在心頭。」也因此，許多病人不論張副院長去了哪家醫院服務，也都跟著他跑，還說：「只要會坐車，去哪都不遠。」

視病如親的張副院長，儘管醫術獲得肯定，也從不自滿，他不斷隨著時代演進，精進、學習新的技術，從當年最新的微創手術到如今的乳癌權威。他也從未忘懷，學醫的人一定要「對人有興趣」，一定要把「人」放在技術之前，更將「以人為本」的慈濟醫療人文，透過課堂教學、臨床、大體模擬手術傳承給後進。

這些年來，我觀察，他投入越多，收穫也就越多。看著他欣喜付出，這印證了我們常說的「施比受更有福」。欣見這位謙和儒雅的人醫出版自傳，樂為之序。

【目錄】

人生因利他而豐富
——一位外科醫師的行醫路

後山病人多情義
重返臺大醫院外科
臺大醫院的建教合作支援體系
前進宜蘭羅東醫院
遠赴滋賀攻讀博士
日本文化帶來的省思
學理基礎有利於臨床
在博愛醫院的收穫
重返後山擁抱慈濟
赴麻省總醫院進修
菲律賓連體嬰的手術分割
領導河馬男孩諾文迪的醫療團隊
接掌臺北慈院副院長
成為乳房外科的專家

第三章　具有慈濟人文的醫院

草創花蓮慈院外科
大廟裡的小和尚
一個人當好幾個人用
聽到基層病人的心聲
何謂慈濟人文風格的醫院？
外科在慈濟醫院備受矚目
七家慈院各有特色
以器官捐助發揮慈悲心
蕭智謙的感人故事
移植手術需要高度的專業
親身參與「五院合一」的支援行動
微創手術是醫師與病人的福音
臺北慈院的微創手術
陪病人最後一哩路的安寧病房

第四章 從好學生到老教師——124

勉勵自己從事學術研究
站上講臺已逾三十年
不同學校的學生風格不同
好醫師要能不恥下問與事後反省
學醫一定要對人有興趣
醫學院是通科教育
從實習醫師修改為PGY訓練
分科教育從住院醫師開始
過五關斬六將，領取各種執照
現代學子習醫之隱憂
慈大值得學習的大體老師制度
大體老師分為三種
大體老師的防腐方法
慈大的大體老師絡繹不絕
無語良師的故事
無語良師教導的不只是醫學

第六章 乳癌權威的衛教須知

志工心疼到躲起來哭

一間空蕩蕩的衛生所

二〇〇一年：內蒙古的物資發放與義診

如果沒有羊，就什麼都沒有了！

前進草原，沿途盡是牲畜骨骸

終生難忘的「那達慕」豐年祭

二〇〇二年：印尼當格朗萬人義診

以大愛精神化解緊張關係

一場大水患改寫了慈濟在印尼的歷史

二〇〇四年：越南茶榮省義診

二〇〇八年：大陸四川賑災義診

在地小志工加入行善行列

慈濟的人文精神備受推崇

對岸救援能力已一日千里

二〇一三年：印尼巴淡島義診

二〇一四年：大陸河北的冬令發放

一個冬令發放夠吃一年了
二〇一五年：尼泊爾賑災勘災醫療團
前進尼泊爾備受周折
切身感受地牛再翻身
連番豪雨患難見真情
搶救一位褥瘡病人
世界救難組織齊聚一堂
二〇一八年：斯里蘭卡義診
一天十幾臺刀馬不停蹄
重回大愛村，參觀慈濟中學
臺灣的義診多不勝數
義診後，還有志工做追蹤
身為慈濟賑災成員，備感榮耀

第一章　一位良醫的成長故事

訪談開始時，正值臺北的氣候極為陰冷，個性略微拘謹的臺北慈濟醫院張耀仁副院長，態度可親，頓時讓這樣的氣候回溫起來。張做事嚴謹而認真，他手上的受訪提綱，條列了一條又一條的重點，顯然是做足了功課。他很專注地凝神回憶，話題就從他的童年，一名誕生在臺中縣后里沒落的大家族的子弟開始說起。

懷想從后里的故里開始

這個從小就品學兼優，學業表現始終是第一志願的張耀仁並沒有富裕人家的背景，雖然這個大家族在地方上曾經一度閃耀過，但經過國民政府的三七五減租、公地放領等政策，在張家的農地一塊塊被政府徵收走後，這個家族也就逐漸從大地主淪為一般平民了。

張耀仁為后里賢坂張仕家族第七代。這個百年大家族的在臺第一代張圻修為后里張圻招之弟。張圻招在乾隆二十年（一七五五年），從福建南安賢坂鄉渡海來臺。後於后里開墾，當時墩子腳地區水源不足，主要以經營旱稻、甘蔗為主，後代子孫則經營糖廍。後代張青雲開槽內埔圳，引大甲溪水灌溉墩子腳一代數百甲土地，青雲再以水易地，成為富甲一方的大地主。

張耀仁祖父出生在清代，操持的是泉州話，一生歷經清代、日據時代、國民政府三代。因為家庭富裕，又是書香世家，一直都是仕紳階級，屬於對地方事務能說得上話的人。張耀仁說，當年祖父在家裡的三合院裡調解村子裡糾紛的身影，到現在都還留在他的腦海裡。然而，這個家族在農地陸續被政府徵收後，雖然政府仍美其名地頒給原始地主一個月眉糖廠委員的美麗頭銜，又邀請祖父擔任村長等職務，以維持其在地方上之影響力，但實際上這個家族的身家財富已大幅縮水了。

嚴格的家教打造良好的學習基礎

張耀仁的父親是師範畢業，在那個年代稱得上是高學歷的知識分子。由於家底已大不如前，張爸爸不能再如父執輩般過著貴公子的生活，而必須仰賴在國小擔任音樂老師的微薄收入，辛苦持家。這位音樂老師從小受日本教育，喜歡穿木屐。因為自己學音樂，便也要求兒子學鋼琴，但他又不太鼓勵孩子在音樂上過度投入。或許是親身經歷了音樂人養家的辛苦，便不再希望孩子步其後塵，而更期待兒子能像其他的臺灣菁英一樣，長大了能成為一名醫師。

當時，這位音樂老師確實就與村子裡的唯一的醫師成為莫逆，兩個人還經常在一起下棋。日本文化對張爸爸的影響，還不只在於他對子女前途的思維，也在於他日常一絲不苟的行事作風，以至於他對子女的教育也非常的嚴格。然而特別的是，在其堅毅不屈的剛烈個性底下，卻又流淌著漢族情操的血脈，就像所有的改朝換代的讀書人一樣，張爸爸對前朝抱持著懷想，對當政者充斥著敵意，對自己被迫面臨異族統治的處境是滿腔悲情，而打心底地不喜歡日本人。

張耀仁形容自己的父親生在一個身不由己的悲劇時代，形成他複雜而矛盾的心理情結，而且這種矛盾情愫也展現在他對子女的教育之上。例如，張爸爸會要求子女在課業之餘，每天撰寫日記，每週鍛鍊書法，這是傳統漢人的士大夫家庭對子弟的基本要求。而且每日功課必須在固定的時間進行，沒完成前絕不可玩耍，即使再忙碌，這些基本功也一日不可漏掉。有意思的是，這些不忘本的教育主張竟是透過嚴厲的一板一眼的日本式作風表達了出來。

對子女教育的嚴厲，還不只是張爸爸，連張媽媽也不遑多讓。張耀仁的母親也是來自另外一個沒落的大家族。張媽媽來自社口林三崑客家大望族之後（曾祖父輩林振芳古厝目前仍在社口），而這個家族原本經營客運業。日據時代，張耀仁的外祖父年輕時被家族安排至日本學習汽車產業，回臺後便開創了客運公司，營業的範圍主要在豐原、臺中地區。後因國民政府認定，大眾運輸關係到基本的民生問題，應歸屬於公營，所以這家公司亦照樣以低廉的價格被政府收購走。這個家族也就複製了張家的命運，慢慢為之式微。雖然那個年代的女人無法讀太多書，但中學畢業的張媽媽倒也繼承了大家族裡重視教育的觀念。她勤儉持家，平日對孩子的教養則絲毫不馬虎。讓張耀仁記憶深刻的是，有一回因為好奇，跟著朋友上彈子房去長見識，回家後就被母親狠狠毒打了一頓，從此以後，他就再也不敢去這些地方貪玩了。

從小就文武雙全，樣樣精通

在那個年代，初中還要歷經聯考才能入學的。張耀仁說，為了提升競爭力，讀完小學中年級，父親就讓他以搭火車通勤的方式，從后里的小學轉學至位於臺中縣首善之區的豐原國小。沒想到這名轉學生，第一次考試就四科大滿貫，名列全班第一。他的導師喜出望外，連進行家庭訪問都帶著他一起去，以讓其他家長瞭解，鄉下地方出來的孩子，只要肯努力，照樣也能當班長，考第一名。

聊起童年生活，張耀仁充滿喜悅之情，言談之間，頓時輕鬆興奮了起來。他說，自己從小就愛運動，小時候是躲避球校隊，中學是乒乓球校隊，到了大學，足球、籃球也是他的最愛，經常代表醫學院馳騁在球場上，後來進入職場，當了醫師，都還是醫院的網球隊員。換言之，這個會讀書的孩子可不是書呆子，而是從小就文武雙全，樣樣精通。據說，他連美術都很強，勞作也很行，難怪從小練就了一雙巧手，天生就是當外科醫師的人才。張耀仁遺憾地說，自己唯一不行的就是口才，而無法在當年的「說話課」裡獨領風騷。然而，論斷一個人的言行，一個人不愛吹牛卻能踏實做事，才更得人敬重啊，而張耀仁就正是這樣的典範。

騎馬吃糖，懷念故鄉事

聊起童年往事，張耀仁還有兩件最津津樂道的回憶，那就是后里最知名的糖廠與馬場。他喜上眉梢地對那裡如數家珍，糖廠舊址現在是科學園區、老馬場旁邊都是甘蔗田……，一細數起這些歷史，張耀仁就像前朝遺老一樣打開了話匣子般喋喋不休，一點都不像曾有不擅長說話課的那一段過往。

張耀仁的祖父是糖廠委員，雖然糖廠與住家略有距離而無法常常拜訪，但那裡的日本式宿舍、甘蔗樹的林蔭，樣樣都留給他美好的回憶。他說，日本不產糖，又偏偏愛吃糖，靠的就是故里的蔗糖去餵養東瀛人的胃啊！

而最讓他欣喜的，非馬場莫屬了！在后里讀小學時，他有兩位同學的父親，湊巧都是前後任馬場的場長，這個特權可帶給了這群小朋友人生裡莫大的快樂啊！因為這個為了養殖與訓練騎兵隊的軍馬而設置的馬場，一般人可無緣入內，但他卻能從小跟著同學經常在裡面玩耍，甚至還有機會騎騎小馬，兜兜騎馬場的跑道，這對一名充滿好奇心的孩子來說，真是非常稀奇且令人興奮的經歷啊！他說，有的同學即使有這個機會，也可能因畏懼而不敢嘗試，他卻不然。他喜歡新奇的事物，且勇於冒險，所以年僅九、十歲，就勇跨馬背，過足了騎馬的癮頭！這件事對孩提時代的張耀仁而言，恐怕比考第一名還讓他更難忘吧！

幫忙所有家務的孝順長子

但張耀仁的童年，絕不是只有讀書與玩耍而已，讓人無法想像的是，這位成績優異的孩子，或許是頭腦太聰明的緣故，他並不需要整天坐在書桌前面，他五育均衡，該讀書的時候讀書，該玩的時候玩，而且每天還投入非常多的時間幫忙家務。

張耀仁有手足四人，他身為長子。在一般觀念裡，長子是享特權的，尤其是會讀書的長子，更應該是什麼家事都不必做，但偏偏張家的家教就不是如此。他與老五么弟年紀差了一輪，中間雖然夾著三位妹妹，但這位長子還是像一位大哥哥般，什麼事都一股腦地自己扛起來。當他描述幫忙涉入的家事內容時，大家聽了都瞠目結舌。他必須幫忙備柴、劈柴、生火，也協助媽媽煮飯、炒菜、徒手洗衣、挑井水，還能餵豬、養雞……，幾乎所有的勞動活計，他都沒有缺席，當然也還包括教導弟弟妹妹們的功課。那個在昏暗的小屋子裡，所有孩子聚在客廳裡唯一的一盞燈光下做功課的記憶，始終留在張耀仁的心坎裡。飯後，張爸爸都會手捧一本書，陪著孩子一起讀書，日子雖然辛苦，心底卻很溫暖。

這些生活經驗聽起來非常的遙遠，像書本裡的或是戲劇裡的，彷彿不是現代人的人生。忍不住問張耀仁，這不是過著古人般的生活嗎？「在那個年代的鄉下，確實就是這般的生活景象啊！」一九五二年出生的張耀仁如是說。提起劈柴，他強調，「那可是要有技巧的！必須能快狠準，一斧頭下去就砍到柴心，否則就白費力氣了。」他睜大了眼睛，高舉了雙手，比劃出砍柴的動作。「生火也是，木柴要怎麼架設，紙張要如何引火，樣樣需要張羅，款款需要巧思，都需要經過一定的順序與步驟，才能順利達標！」他又縮起頸項，彎曲了身子，擺出瞧望灶裡爐火的姿勢，這果然是經歷過實境訓練的人才有的心得。也因為有過這樣的真實經歷，張耀仁後來赴大陸義診，看到大陸鄉下的許多場景，都有一股似曾相識的熟悉感。那樣的生命歷程，他也曾走過，亦或許正因為曾經踏踏實實地品味過人生裡的艱苦卓絕，才能造就張耀仁今日的高度吧！

生命裡第一次遇見死亡

張耀仁的中學生活都是在臺中一中度過的，他初中成績表現頂尖，高中就獲得直升的殊榮。他形容母校，讀書風氣隆盛，學生自動自發，老師兢兢業業，讓他度過了非常快樂的中學時代。當時學校裡的許多老師皆為離鄉背井的遷臺大陸菁英，這些老師的人文素養極佳，他們對古文賞析獨有見地、文史教導博學多聞，嘉惠學子甚多，他追憶道，其中一位國文老師楚卿還是當時的知名作家呢！而這樣的環境，不啻是讓這些孜孜不倦的莘莘學子如入芝麻開門的學習寶境而欣喜莫名。

就在張耀仁學習旺盛的高中生涯裡，發生了一件影響他一生的大事。事情發生在高一那年，他們班上一位來自非洲馬達加斯加的僑生突然發生嚴重車禍而昏迷不醒，他因為隻身來臺，乏人照料，這些平常玩在一起的同學就自願組隊輪流至澄清醫院照顧他。張耀仁說，大家原以為這位同學治療一段日子就會恢復健康，未料這位足球場上好手竟從此未曾甦醒，昏迷兩週後便撒手西歸了。這件事對他的衝擊很大，一個活蹦亂跳正值青春的少年，一個經常並肩縱橫在足球場上的友伴，竟然在瞬間消失了，這對從未面對死亡的孩子是多大的震撼彈啊？這個陰影猶如一株哀傷的幼苗植入了這位滿懷遺憾的少年的心底，他開始思考人生，開始對生死產生了新的省思。

張耀仁說，他自小的心願就是當一名科學家。而這個心願起源於父親買給他的一本日記本。在那個年代的日記本，慣常地會在每頁的邊角上印些珠璣語之類的勵志小文，而他所擁有的那一本，湊巧印的就是一些知名科學家的簡介。愛迪生、牛頓、居禮夫人、愛因斯坦……，歷史上一些偉大科學家的身影就是這樣悄悄地走進這名小男孩的心靈深處，童年的張耀仁遂將長大後成為一名出色的科學家當作自己人生的標竿。然而，現在這名少年的好朋友車禍亡故了，救人一命成為他內心最刻不容緩而亟待實現的人生目標，那是一件多麼了不起的神聖使命，而值得他終生投入啊！成為一名救人的醫師，當然也吻合他心底裡那支偉大科學家隊伍裡一員的形象，而且肩負著日據時代醫師菁英思維的父親也對擁有一名醫師兒子充滿期待，毫無猶豫地，立志從醫，並努力成為一名好醫師的抱負，就此深入張耀仁的腦海，而成為他終其一生努力前進的目標。

就讀臺大醫科，展開人生的新頁

讀書一帆風順的張耀仁，在結束了中學生涯後，如願考上第一志願臺大醫科。七年的醫科教育是他求學以來最漫長的一段學習歷程。這班同學加上三十名僑生總共有一百名，女生佔了三十名。他們都是聯考裡最優秀的佼佼者才有資格進入臺大醫科。他們皆來自臺灣各地的菁英，許多人頂著全校榜首的光環。因為學習時間長，大家的感情非常好，彼此間洋溢著一股英雄惜英雄的情懷！

張耀仁說，與班上那些為數不少的建中、北一女畢業的同學比起來，來自於中南部的同學簡直是一群土包子。為了因應開學不久後即將舉辦的迎新舞會，這些北部的同學還特別開班授課，替中南部的同學惡補。這些活動因為可以在昏暗的燈光下牽牽女生的小手，在那個民風保守的年代，大家都興致勃勃。後來這類的活動慢慢多起來，經常有機會與文學院的女生或女校聯誼，一切就自然了起來。

他印象最深的一次，是與考古系的女生一起去皇帝殿郊遊。那天來了一位歌聲極美的女生，她一路引吭高歌，以歌聲伴遊，讓那次的旅遊別具氣氛。後來這名擅歌的女子還出了唱片，就是日後家喻戶曉的齊豫。

人才濟濟的臺大醫科

張耀仁的那一班還出現了幾對登對的班對，可惜後來卻沒有一對修成正果。然而，回憶起這些同學，他還是忍不住讚歎，真是人才濟濟啊！這些同學人文素養極佳，又多才多藝，各個都不是死讀書的人，所以不管是合唱比賽、橋牌比賽、籃球比賽，這一班經常在學校裡稱霸。而這些活動，舉凡涉及球賽，大概都少不了張耀仁的影子。他在大學時代是把頭腦獻給了醫學，體力送給了球場，才能滿心歡喜、身心均衡地邁向人生的康莊大道。瀏覽張耀仁所參加的社團，果然也都是動靜皆宜，遍及登山社、美術社，以及各類與運動相關的團體。張耀仁真真確確地就是臺灣的學界精英——臺大醫學系裡全才型學生的一個典型的代表啊！

因此，說起那些才華洋溢的同班同學們，不意外的，成就非凡者輩出。張耀仁笑不攏嘴地點起名來，臺灣大學前校長楊泮池、臺大醫院兩位院長黃冠棠與何弘能、成大醫院院長楊俊佑，還有曾任成大醫學院副教授的婦產科名醫劉志鴻，同在慈濟工作的花蓮慈濟醫院泌尿科主任暨慈濟醫療法人副執行長郭漢崇、馬偕醫院院長劉建良等，都是一些出類拔萃的人物啊！其中楊校長不僅是張副院長的同班同學，還是同寢室的室友呢！而郭漢崇副執行長則是同睡上下鋪的夥伴呢！當年他們一起玩耍，一起成長，感情非常好，出了校門又各自在自己的領域裡打天下。年過耳順再回首，發現在醫學的這片莊稼地上，大樹成蔭的仍是當年湊在一起插秧植苗的兄弟啊！幾十年寒暑過去，英雄惜英雄的鐵律依然未曾改變。張耀仁說，當年有位同學在畢業紀念冊上的留言是：「太精彩了，真想再讀七年。」他也頗具同感呢！

最接近真實手術的大體解剖課

在學醫的過程裡，最特別的就是大體解剖這件事。那門解剖課安排在大三，是所有醫學院的學生最接近開刀實境的第一門課。張耀仁回憶，那段整天與屍體為伍的日子，福馬林的嗆鼻味道就像鑲嵌在空氣裡一樣，一直在周圍旋繞不去。他說，為了應付考試，面對屍體時必須忙著記憶各種人體的細節，根本沒有心情，也遺忘了害怕這回事。而且當學生的人還必須「跑檯」，也就是在不同的大體間學習不同的項目，整個學習過程非常的忙碌。雖然大體解剖課程並不如想像中那麼「刺激」，但這件事對他還是產生了影響，就是幾乎有整個學期他都不太敢吃肉，雖然這只是順其自然的反應，也算是以一種誠敬的態度面對這些大體老師吧！

說起大體老師，張耀仁說，臺大醫學院與其他醫學院比較起來，大體的供應算是充分的，其他的醫學院因來源不足，很多的大體老師都是以流浪漢或無名屍充數。感恩證嚴法師多年前呼籲大體捐贈以嘉惠醫學教育，在慈濟志工響應並身先士卒的帶動下，社會大眾對大體捐贈的理解已經完全不同。張耀仁指出，現在慈濟大學大約每四至六個學生可以共有一位大體老師，但在當時，連資源最豐富的臺大醫學院都還只能八個學生配一位大體老師呢！

在醫科畢業以前，醫學生還必須經歷實習這段過程，就是離開教室進入他們的職場——醫院，實地參與醫療工作。張耀仁聊起當時他是在臺大醫院外科實習，他剛好輪到在「一東病房」值勤，那間病房的病人都是準備動心臟手術的。在那個年代，開心手術的發展才剛起步，病人開刀後的存活率很低。結果那間病房第一個動心臟手術的病人因手術失敗而喪命，另外五位病人立馬全部跑光了。因為任誰也不知道進了開刀房以後，還能不能活著走出來，他們寧可放棄治療。張耀仁說，臺灣的外科就是從那樣的狀態裡慢慢茁壯起來，到後來甚至可以進行連體嬰分割而揚名國際，而他自己有幸正好躬逢其盛，成為這段外科歷史發展的見證者之一。

接受海軍陸戰隊的嚴格訓練

臺大醫學院畢業後，張耀仁的兵役籤抽到的是海軍，新兵則被送到海軍陸戰隊受訓三個月。他笑說，也只有去了海軍陸戰隊才知道什麼是真正的軍事訓練，過去在成功嶺的操練只是小兒科啊！

他永遠記得，當他一抵達屏東龍泉的訓練基地時，看到那些光著頭，打著赤膊，穿著一條短褲，露出一大塊刺青臂膀的班長們，肌肉緊實、皮膚黝黑，個個壯碩得令人敬畏。當新兵們驅車抵達時，這些老鳥正在路邊休憩，他們手夾著香菸、轉過頭來斜眼睥睨著這一群戴著眼鏡、細皮白肉的菜鳥，便忍不住搖起頭來，一臉的不屑。光是這些一個個看似門神般的長官，就已頗具威嚇效果，令人不寒而慄，果然，接下來就是一連串的震撼教育。通過魔鬼訓練，讓他兩週以後也變成了一個結實的黑炭。所幸，張耀仁當年還有點運動的底子，才順利熬過這一關啊！

服兵役最有趣的回憶是有關於打靶。在高中時的打靶訓練是五十碼，但在海軍陸戰隊的標準是三百碼，這些新兵們個個都是大近視，誰也看不清楚靶心位置，只好胡亂應付一通。可若不及格，可是要遭留訓處分的。幸虧當時的靶兵是自己同學，就仰仗著他的幫忙，在箭靶上偷偷戳洞，大家才順利過關。說起這件事，張耀仁像個孩子般地笑呵呵起來，彷彿又回到了那個拿著槍桿子對著靶心的歲月！

兩年的兵役，接觸到真正的病人

訓練完畢，張耀仁被分發到海軍艦艇服役，但那個時代的艦艇，不是在維修，就是拿去作為訓練場地，所以這些服役軍人們並不需要跑船。張耀仁的背景則讓他直接被派調至高雄左營的海軍總醫院任職。他在海總待了半年，被分發到了外科，等於他的外科基礎訓練從那個時候就開始了。就在這段期間，在長官的監督下，他多次執刀進行手術，例如小腫瘤的切除手術、盲腸開刀、疝氣開刀等。在張耀仁的印象裡，海軍總醫院的老師們都非常優秀，胸腔外科、一般外科、整形外科的醫師們在醫界都得到極高的評價，也因為這些高明前輩們的引領，他的行醫生涯有了一個漂亮的起步。

在高雄當兵期間還有段插曲，就是高雄發生了臺灣歷史上的大事「高雄事件」。張耀仁的記憶裡，那段時間高雄的氣氛確實不太對勁，這位敏感的年輕人很識時務，事發當天他乖乖地待在營房，哪裡也沒去，倒是其他的阿兵哥還趕去看熱鬧呢！社會雖然很動亂，張耀仁卻循規蹈矩穩穩健健地踏在他的人生大道上，他知道未來的人生是貢獻給醫學的，也唯有此事才最吸引他的目光。

選擇外科作為終生奉獻的對象

在服役期間，這些醫學院畢業生最重要的任務之一，就是決定未來的分科。醫學院的訓練是不分科輪訓，只有畢業時，學子才能依志願進行分科，醫院則會根據成績挑選新進人員。在當時，因為忠仁、忠義連體嬰分割成功的新聞轟動一時，臺大醫院的陳維昭教授頓時成為年輕醫師的楷模。任誰都希望有朝一日，也能像前輩一樣一舉成名天下知，瞬間揚名立萬，留名青史。外科就在那個年代如日中天般，成為所有優秀的醫科學子最嚮往的科別。

張耀仁亦復如此，這位即使到了人中龍鳳的臺大醫科，依然在班上成績優異的年輕人，亦將臺大外科作為他從醫的第一志願。當時，臺大醫院只接收臺大畢業生，而且外科規定只挑選成績排名在前百分之二十的學生，那一年屈指可數的八個名額，張耀仁就是雀屏中選的其中之一。

養成一名外科醫師成本極高

對於外科，張耀仁的形容是立竿見影，一出手就知道有沒有，可以立即看到治療成果的科別。但也只有在病人躺上手術臺，剖開身體，見了真章，醫師才知道先前的預測是否精準。萬一出現誤差或有突發狀況，外科醫師也必須在極短的時間內進行決斷，而極具挑戰性。

張耀仁指出，外科的養成時間非常長，通常必須先經過七年的醫科學習（現在制度改變，第七年變成PGY1、PGY2，等於又多了一年），考取醫師執照後，通過兩年服役（現在縮短為四個月），再經過住院醫師與總醫師的五年訓練，然後取得專科醫師執照，才算大功告成。前後算算，總共要耗費十三、四年光陰，但人生有幾個十三、四載呢？對一名成功的生意人而言，用這些時間創業已足以讓他發大財，但對一名外科醫師來說，歷經漫漫十三、四年光陰的磨劍，他才剛剛成熟，準備上場單打獨鬥呢！

外科的沒落令人憂心

姑且不論其他產業，就單純地與其他的醫學科別相比，許多科別的總醫師訓練皆在三、四年間即告完成，外科卻需要五年之久，神經外科甚至需要七年的時間，外科人才訓練的時間成本明顯地比其他的科別都更為高昂。而且開刀完畢，外科醫師還肩負病人術後的照顧責任，這個角色就像便利商店一樣，必須二十四小時隨傳隨到，壓力極大。倘若不幸開刀出了狀況，還可能惹上醫療糾紛。矛盾的是，外科醫師的薪資報酬並沒有比較高，但所承擔的責任與壓力卻非其他科別所能比擬。所以，除了興趣與使命所趨，當外科醫師真是一件不上算的選擇。在張耀仁的記憶裡，他曾有連續三十六小時沒睡覺的經驗，急診刀加上原本排定的常規刀，中間連吃飯都成問題，非常辛苦，而這就是外科醫師真真實實的日常生活啊！

然而，初生之犢不畏虎，在那個年代，選擇職業沒有「錢多事少離家近」的觀念，舉凡優秀學子都心懷理想地投入外科的行列。不像現在的年輕人變得精明了，當大環境對醫師不友善時，他們寧可從現實考量，選擇不需要值班，不易有醫療糾紛，一切向錢看的科別，而讓外科醫師逐漸出現人才短缺、日趨於沒落的現象。說到這裡，張耀仁露出遺憾的表情，輕輕地嘆了口氣。

張耀仁表示，養成一名外科醫師並不容易，但若因這名外科醫師衝過了頭，治療得太過積極而出了差錯，或是一個疏忽導致醫療糾紛而上了媒體版面，就可能因此而摧毀他一生的前途。在美國，醫師都有很好的醫療理賠保險制度，萬一真的發生不幸，還有社會支援體系進行後續的彌補，不至於讓一名外科醫師無路可走。目前，臺灣的醫院雖然已經意識到必須為醫師進行保險等事宜，但張耀仁呼籲，如果這個社會能對醫師更友善一點，可以為外科留住更多優秀的人才，不啻是為這個社會的每一個人謀求福祉啊！

住院醫師的訓練之路

萬幸的是，張耀仁的外科人生是精彩而順遂的。他在臺大醫院外科所接受的訓練非常紮實，其中最讓他津津樂道的，就是每一位外科醫師都要經過的「Margen Kai」。

臺灣大學的前身是臺北帝國大學，臺大醫院的部分制度也沿襲於日本。例如外科其實是一個「大外科」的大家庭，其下則區分有「第一外科」，包含胸腔外科、消化外科、心臟外科、乳房外科、直腸外科、大腸外科、神經外科等，以及「第二外科」，如骨科、整形外科、小兒外科等。但醫學院裡也有美國回來的教授，所以美國的制度也存在其間。例如住院醫師的訓練制度必須以五年時間，區分為R1、R2、R3、R4、總醫師等不同的等級，就是源自美國醫界的制度。

在臺大醫院的傳統裡，一名外科住院醫師必須在R1期間開過盲腸、疝氣等術式；進階至R2階段，則必須經歷過切胃手術，也只有執掌過開胃手術者，這名外科醫師才算「登大人」。張耀仁進一步解釋，開胃手術是一個比較困難的手術，它必須牽涉到腸道的復原、手術的縫合、術後的照顧等各種複雜的流程，對於一名外科醫師而言，若能獨立完成這整套流程，意義非比尋常。

跨越「Margen Kai」，登大人了！

令人難以想像的是，在臺大醫院的傳統裡，為了迎接這個登大人的過程，幾乎每位從R1升R2的醫師，都必須先經歷一場「殺狗」演習。也就是這位醫師必須先以狗進行切胃練習，在有了這個經驗之後，才有資格在人體上進行實作。那個時候，這些年輕醫師最常求助的就是四獸山下的流浪狗收容中心，然後他們再帶著實驗狗至臺大的動物手術室進行演練。通常練習生會找一位技術員進行麻醉，再找一位學長在旁邊指導，先將狗的胃切下一部分，再將腸子接回去，然後再把狗肚子縫合起來。

每年，只要同屆所有R2的年輕醫師都完成了人體切胃手術以後，就會舉辦一場「Margen Kai」。「Margen Kai」是張耀仁那個年代，住院醫師完成外科訓練的代名詞。Margen是繼承了日本所沿用的德語，意思是「胃」，Kai則是「聚會」之意。這個活動就形同謝師宴，目的是感謝老師們的教導，才能讓這批學生醫術精進「轉大人」了。張耀仁說，後來他至花蓮慈濟醫院專職，感恩慈濟大學副校長曾國藩教授的建議，除了原有的解剖教學之外，又開啟了大體模擬手術，以冷凍保存的大體老師進行各種模擬手術。「Margen Kai」才化為一段懷舊的記憶。

第二章　從臺北出走到再回到臺北

從中東換成花蓮

張耀仁退役後必須接受四年住院醫師、一年總醫師的訓練，訓練結束，若表現優異，核可升任臺大主治醫師。在當時的慣例是，臺大醫院必須調派新人至沙烏地阿拉伯協助友邦進行二年的醫療服務，沙烏地阿拉伯結束，再返回臺大擔任主治醫師，張耀仁就這樣簽了兩年合約。未料人算不如天算，尚未出發，他突然接到科主任陳楷模教授的召見，陳主任表示，沙烏地阿拉伯即將斷交，中東計畫戛然而止，取代方案則是翻山越嶺去臺灣東部的花蓮慈濟醫院。

張耀仁坦承，當年那個少不更事的自己，對證嚴法師等諸事一無所知，閱讀到的簡介也僅是花蓮有名出家的弱女子立志蓋醫院救人等寥寥數語，非常簡約。對於去花蓮，他的腦海是一片空白。臺大醫院採取的是師徒制，而在此制度下，最具權威的人物是主任，而不是院長。只要主任開了口，就說一不二，沒人敢抗命。現在這位恩師發出號令了，欽點子弟兵去花蓮就職，雖然科主任允諾，每個月會輪派一名R1的住院醫師與一名總醫師作為協助，每週也有其他的次專科外科醫師輪流去駐診，但實際上常駐在花蓮的外科醫師，就只有他一個人，而且從門診到急診，也都只有他一個人。這可真是一個大挑戰，遠比去異鄉壓力更龐大，但年輕的張耀仁無法對恩師說不，只能點頭同意。

事後這位年輕人才曉得，原來當時遠在後山的慈濟醫院適才落成，有了硬體卻缺乏軟體，院方正為醫療人員付之闕如而苦惱萬分。幸好，時任臺大醫院副院長曾文賓的夫人出面牽線，慈濟醫院的軟體部分就由臺大醫院進行全面協助，並說服因病甫從臺大醫院退休的杜詩綿副院長兩肋跨刀，遠征花蓮。有了耳鼻喉科大老杜院長登高一呼，臺大醫院的專業人員們都動員起來了，分別以建教合作或私人協助的方式，千里迢迢去幫忙。

見證花蓮慈院的誕生

第一次搭機去花蓮拜見證嚴法師，張耀仁驚訝地發現，小螺旋槳飛機上的同機者幾乎都是臺大醫院的同事，印象裡有眼科教授楊飛燕、臺大醫院的工務團隊，也有建築師高而潘等人。大家都是利用自己的假期當天來回，以志工的身分貢獻一己之力，而讓這位年輕人頓時感佩於心。大約也就是此時，張耀仁首次見證到證嚴法師的個人魅力，並理解到原來自己的周圍有這麼多人心甘情願地承擔慈濟的護法。現在，這位年輕人也加入了這支隊伍，他的人生也將因這個轉折而擁有不一樣的天空。

那天是一九八六年五月間的事，張耀仁第一次見到準備啟業的花蓮慈濟醫院。當時建築的外牆還圍著鷹架，工人們正忙著進行最後的施工。醫院大廳裡，一位藝術家正站在高臺上辛勤地進行「佛陀問病圖」最後的創作。「他就是顏水龍教授啊！」張耀仁微笑起來，對於曾經親眼目睹這位知名藝術家的創作過程，露出榮幸之色。而這幅以馬賽克創作的美麗藝術品，據悉是藝術家人生裡最後一幅大型的馬賽克之作，後來這幅作品則被慈濟醫院視為該院之精神表徵。時至今日，每家慈濟醫院均擁有一幅不同藝術家設計卻含意相同的佛陀問病圖。在慈濟醫院絡繹不絕的人潮裡，經常可以看到病患或其家屬在這幅作品面前仰首駐足，潛心祈求，這是對佛陀的景仰，對藝術品的禮讚，也是對證嚴法師德澤廣被的義行所感動的表現吧！

一位最年輕的科主任

當年臺大醫院調派去花蓮開疆拓土的科主任，總共有內、外、婦、兒四個科別，除了張耀仁外，其他都是年高德劭、德高望重的前輩，只有他最年輕，也最有活力。也因此，在醫院後面的四層樓的員工宿舍裡，每一科的主任分住一層，而這對年輕夫妻則被安排在四樓。張耀仁到現在都對當時走進宿舍時的感動仍記憶猶新，因為證嚴法師非常重視第一批進駐的醫療人員，不但替他們張羅好傢俱，連杯碗瓢盆、棉被、晒衣服的竹竿等小物都準備齊全，這種體貼的做法，讓大家還沒開始工作，心底就已經徹底折服了。

而其中這個年紀最輕的毛頭小伙子確實也很得證嚴法師疼愛，證嚴法師經常到醫院走動，除了關心病人外，也對這些醫療人員噓寒問暖。張耀仁說，證嚴法師的年紀約略比自己的母親年輕一點，因為年紀小，得到的關注最多，而使他們之間在真摯的革命感情之外，彷若還多了點難以言傳的母子情，而令張耀仁備感溫暖。

到現在，張耀仁對於當年的那一張外科醫師兼主任的聘書都還保存的非常好，他很得意地展示這張漂漂亮亮的老古董，那是一九八六年的一月三十一日頒發的，標示的編號是（75）慈證詩聘字第〇〇三號。這是歷史的見證，也是張耀仁人生的轉彎。

建立「開腦醫院」的名聲

在花蓮期間，張耀仁的表現不俗，年紀雖小，立下的汗馬功勞卻不少。過去花蓮只有規模較小的區域醫院，在外科領域裡，也僅有一般外科，外科裡其他的次專科，例如腦外科、心臟外科、神經外科等，在花蓮都付之闕如。一旦病人罹患緊急重症，就只能往臺北送，萬一運氣不好，病人就在遙遠的半途上夭折了。自從花蓮慈濟醫院開幕以後，這類病人不必再冒著風險千里迢迢遠行，慈院外科就在這位年輕科主任的努力下，連續進行了幾個成功的重大手術，操刀的都是由臺大醫院調派過來的次專科專家，很快就打響了慈濟醫院的名聲。

花蓮慈院啟業的第一刀是由張耀仁的恩師陳楷模教授主刀，對象是一位罹患甲狀腺腫瘤的原住民病人，時間是一九八六年的八月。陳教授當時每個月都會特地至花蓮巡視子弟兵的運作情形，發現有此個案，就順手處置了，花蓮慈濟醫院的手術房也順勢啟用了，慈濟醫院能夠進行手術就從這一刻開始記錄，而留給張耀仁極為深刻的印象。

另外一個讓他難忘的手術，是腦神經外科的主治醫師蔡瑞章主刀。當時一位小女生發生嚴重車禍，剛啟業的花蓮慈濟醫院，雖然已添購電腦斷層機器，卻尚未安裝完畢而無法啟用。蔡醫師就在沒有儀器輔助檢查下，全憑經驗，從孩子的意識變化判斷是腦部積留血塊，當機立斷立馬開刀。果然打開腦部，找到血塊去除後，當晚孩子就恢復了意識。但沒想到隔日病情又急轉直下，蔡醫師認定是對側的腦部也出了問題，馬上再進行第二次手術，果然也如其所料，清除了對側腦部的血塊，才救回了這個孩子。

這名女孩長大後就讀大漢技術學院，目前已經三十餘歲了，依然健健康康。這個手術為花蓮慈院帶來極高的聲譽，也讓張耀仁對蔡醫師的功力佩服至極。一位外科醫師能在沒有儀器的支援下，就能做出如此精準的判斷，並趕在第一時間挽救了病人的性命，實在非常了不起！張耀仁說，如果醫師本人不夠專業，不具備膽大心細的人格特質，絕對不敢在這種緊急關頭下決定動手術，這名女孩也早就命喪黃泉了。

蔡瑞章醫師是張耀仁的同班同學，因為建教合作、輪派支援的緣故，在張耀仁的邀請下，從臺大醫院至花蓮慈院看診，張耀仁對此與有榮焉。從此以後，花蓮的老百姓只要一提起慈濟醫院，便以「開腦的醫院」作為代稱，在花蓮慈院剛啟業的階段，外科所打下的基業，也是一大助力！

後山病人多情義

至於張耀仁自己動刀的手術，令他記憶猶新的是一位「刺龍刺鳳」的病人，這位病人是因為肝硬化造成食道靜脈瘤破裂，三更半夜大量吐血緊急送醫。這是一個很困難的手術，病人經常在噴出鮮血的當下就死亡了。經過張耀仁的緊急開刀，這位年約五十歲的大哥順利康復。黑道大哥重情義，康復後還定期到花蓮來探望這位年輕的外科醫師，感謝他的救命之恩。很可惜的是，約莫五年後，這位大哥還是因為肝衰竭而過世，他的妻子特別趕來花蓮通報，並握著張耀仁的手說：「謝謝你讓我的丈夫多活了五年！」

對醫師而言，要成為科主任並不是一件簡單的事，張耀仁卻在三十出頭的歲數坐擁這個職位，是全班最快當上科主任，接受科主任訓練的人。追溯這件往事，張耀仁說，當時頗有一種「學成下山」之感。他在臺大醫學院與醫院磨練十幾年，期間又經常被調派支援署立桃園醫院、臺北醫院等處，早已具備單獨操刀的經驗，陳楷模教授才敢點名由他去花蓮扛擔子。年輕的張耀仁的肩頭上就這樣增加了獨力扛起一個科別的重責大任，這是「天將大任於斯人也」的安排啊！

重返臺大醫院外科

在花蓮的時光是忙碌充實而快樂的，張耀仁當初與臺大外科主任陳楷模教授約定的兩年外派時間，很快就到了，雖然證嚴法師依依不捨，百般慰留，張耀仁還是依約返回臺大醫院再歷練。當時接手他的工作的，也是他的同班同學，專長心臟外科的蔡伯文醫師，張耀仁說，蔡醫師來了慈院馬上建立起慈院的心臟外科團隊，開始了開心手術，對慈院的貢獻也非常多啊！

重回臺大醫院的張耀仁，被科主任賦予新的任務，就是學習「內視鏡」的操作。在當時，臺大醫院只有內科有能力操作內視鏡，外科若有需要，必須外求於人。陳楷模教授素有「雷公」之稱，他做事極具魄力，當老天要打雷時，絕對只管該打則打，說做就做。而這件事，在陳楷模教授的觀點裡，外科醫師為何要動手術，又該如何動手術，都應該有自己獨立思考的判斷，因此，這位有氣魄的科主任決定仿效日本的做法，亦即內視鏡的判讀應由外科來自行處理。

由於張耀仁的次專科正是處理肝膽腸胃的消化外科，於是陳楷模主任理所當然地就將這個使命派給了他。才從花蓮返北的年輕人，於是又迅速啟程赴「東京女子醫科大學」（Tokyo Women's Medical University）進修三週，學習胃視鏡的操作，臺大醫院外科也至此建立了外科醫師進行內視鏡操作的傳統。直至今日，臺大醫院外科對消化外科醫師的訓練都還是維持著這個方式，未曾改變。而經過了東京洗禮的張耀仁，在消化外科的專業上也更上層樓，對他日後的發展更產生了加分作用。

臺大醫院的建教合作支援體系

回到臺大醫院的張耀仁，雖然擔任的是主治醫師的角色，但他在花蓮慈院的行政訓練非常受人矚目，所以才返回臺大醫院兩年，就被宜蘭羅東的博愛醫院相中，邀請他去擔任副院長的職務。

羅東博愛醫院與臺大醫院一直都有建教合作的關係。這種建教合作的概念是來自日本醫科大學的「學閥制度」。在日本，大型的大學醫院為較小型區域型醫院的訓練者，彼此之間以建教合作的關係互相協助，大醫院替小醫院訓練人，提供各種醫療支援給小醫院，但小醫院則負擔外派人員的薪資報酬。用此方法，大型醫院可以擴大既有編制的規模，而且這些超出編制的額外人力，是以輪派方式支援不同的小醫院，在非輪派時間則承擔著大型醫院的工作量，而使大型醫院的規模與資源都更形豐沛。

此學閥制度的概念流傳至臺灣後，臺灣又根據本土現況因地制宜進行修改。張耀仁說，臺灣的做法是大醫院推出公開透明的「兼差制度」，也就是大醫院不需要提供高額薪資給醫師，但定期外派院內醫師支援小醫院，再以小醫院的開刀費或看診費作為外派醫師薪資的彌補。而小醫院則利用「綁約制度」留住人才，例如，小醫院讓醫師至大醫院受訓一年，交換條件是期滿再返回小醫院服務兩年等。臺大醫院與臺灣許多中小型的區域醫院皆擁有類似的建教合作關係，包含羅東博愛醫院、草創階段的花蓮慈濟醫院等在內。而花蓮慈院初期即仰賴著這種支援體系才慢慢站穩腳跟，逐漸獨立起來。

前進宜蘭羅東醫院

宜蘭羅東博愛醫院的創辦人許文政醫師是臺大醫科畢業的，當一九九〇年他需要人手時，毫不猶疑地就把目光鎖定在具有科主任訓練的張耀仁身上。對於張耀仁而言，醫師獨立作業的專業能力已然訓練有成，如果能再增加醫院管理的行政訓練，豈不更加完美。學習心強烈，而且喜歡挑戰的張耀仁便決定轉進宜蘭。

在宜蘭的日子，張耀仁彷若又回到早年在花蓮的生活，這裡也是一家區域醫院，規模不算非常大，但也不算小，約有一千床左右，在當時算是蘭陽地區最具規模的醫院。張耀仁因在這裡具有主導性，而更具發揮空間。在博愛醫院期間，這位正值青壯年的副院長除了處理行政工作，也必須負責自己的門診與開刀事宜，他在肝膽腸胃外科的專業也不斷地提升與進步。然而，在臨床治療上，張耀仁卻面臨了瓶頸，他發現肝癌末期的病人肝衰竭的速度極快，外科治療的成效有限。讓一名醫師看著自己的病人撒手人寰是多大的折磨啊，這個挫折則讓張耀仁萌生一個想法，即若能對肝衰竭的病人進行肝臟移植手術，病人存活的機率豈不大大提高！當這個念頭浮現時，這個一心突破的醫師便對肝臟移植手術發生了濃厚的興趣。

當時國際間京都大學的小澤和惠教授以肝臟移植手術頗具盛名，這個不願只停留於假想階段，而渴望採取實際行動的張耀仁，就透過博愛醫院董事長許國文的關係，與小澤和惠教授取得聯繫。同時間，張耀仁也申請到可以幫助他攻讀博士學位的武田獎學金，赴日進修的機會終於成熟了。後來他得知小澤和惠教授在京大已屆齡退休，正計畫轉至滋賀醫科大學（Shiga University of Medical Science）繼續任教，張耀仁的攻讀博士的目標也就從京都大學移轉至滋賀醫科大學了。

遠赴滋賀攻讀博士

滋賀醫科大學位於日本知名的風景區琵琶湖畔，景色怡人。張耀仁帶著一家三口一起赴日讀書。說起他在滋賀的那段生活，真是收穫滿滿，無論是生活還是學習，日本都給了張耀仁豐富的滋養，而讓這位充滿學習欲望的醫師鬥志高昂。

聊起這段生活，張耀仁非常推崇指導教授小澤和惠的研究精神與做事態度。他說，這位教授雖已年邁六十五，所有的研究仍親身參與，還常常與學生一起苦戰至三更半夜。他有一個非常好的習慣，即每天皆立即檢視當日的實驗結果，並明快地進行分析研判，再下達後續研究步驟的指令。積極的敬業態度與果斷明確的行事作風，讓這名來自臺灣的高材生非常折服。

小澤和惠的好習慣還不只表現在研究態度上，連尋常的做人做事的風範都令張耀仁十分尊敬。例如，做完研究，這位老教授一定要求所有的研究生把研究室的環境整理乾淨，器材歸位，以讓下一個接手實驗室的其他團隊可以立即工作。令他驚訝的是，在做這些清潔工作時，小澤和惠教授並非只扮演一名指揮者，他會彎下腰來跟著學生一起收尾。如果他們的實驗有耽誤，超過預約時間，他也一定鞠躬哈腰地不斷地跟後面時段的研究團隊道歉。張耀仁說，小澤和惠貴為院長，還能如此的謙卑，也讓他打心底地佩服。

還有一次，在做實驗時，因臨時缺了一個試管，張耀仁動念至隔壁實驗室隨手借一支過來，也馬上被指導教授制止，因為在他的觀念，沒有申請或經過別人的允許，絕對不可以隨便亂動別人的東西。這種嚴謹的做事態度幾近龜毛，但也反映了小澤和惠律己甚嚴的情操。張耀仁以為，這些雖屬小事，但由小見大，即可理解何以日本能在世界頭角崢嶸了。

日本文化帶來的省思

日本給張耀仁他的學習還不只在專業部分，連對子女的教導，都讓他有所領悟。他說，唯一的兒子當時正在滋賀讀幼兒園，而幼兒園的老師很嚴格，要求所有稚齡的孩子每天都要打掃環境後，方可回家。其他日本家長對子女的教養態度也差不多。如果年幼的孩子摔跤了，爸爸媽媽絕對不會去攙扶，而是要求孩子自己爬起來，以讓孩子學習對自己的行為負責的態度。碰到冬季漫天大雪，日本的孩子們也一律穿著短褲，因為大人們想藉此訓練孩子們不怕冷的精神與體魄。這個民族的勤奮、努力、堅毅的精神與敬業的態度，都留給張耀仁深刻的印象，而具省思的空間。

在滋賀求學的生涯，雖然收穫豐盈，但也非常辛苦，因為留學生不但上課要用日文，連博士論文都規定不能書寫英文，僅能以日文完成。張耀仁唯一的日語教育，就是在赴日前補習了一年，當時他已年過四旬，早已遠離那種年紀輕、記憶好，適合學語言的階段，他要做研究，又要自修日文，壓力頗為沉重。他笑說，大人學習日語很疲累，但家裡的小朋友只要每天跟幼兒園的孩子一起玩，三個月後就擁有一口流利的京都腔了。這孩子回家後，還會修正爸爸媽媽的日語呢！

但辛苦歸辛苦，幸好這位資優生本來就頭腦好、善讀書，即使面對的是一位龜毛的日本教授，仍如期通過日文檢定考試與專業考試，並以四年時間順利拿下博士學位。同時間在日本的其他研究生，據說耗去十年光陰仍無法畢業的，都大有人在呢！

當時日本的臺灣留學生很少，大陸留學生卻很多。對岸的外語教育允許選項，這些同學多半選的就是日文，所以他們的英文通常不好，日語卻很專精，而在留學期間給了他不少幫忙。在一九九〇年的時代背景裡，大陸甫開放不久，經濟仍很艱困，張耀仁對大陸同學最普遍的印象是，他們的經濟條件很差，生活很辛苦。醫師在大陸的社會地位不高，薪資也不好，他們對張耀仁留學還能攜帶著妻兒，並有餘力買車，都羨慕得不得了。而這些同學為了生活，假日還要去做粗工，有的人還當馬路工人鋪瀝青，讓他聽了頗為不忍。也因此，張耀仁對自己能擁有如此優渥的學習機會更是滿心感恩。

學理基礎有利於臨床

在日本進修給張耀仁另外一個體悟是，臺灣人認為，醫師的職責是治病，只要醫術高，根本就不需要有博士學位。但到了日本他才發現，在日本人的觀點裡，博士學位是作為一名醫學中心醫師的基本條件，亦即一位醫學中心醫師的名片上若沒有博士頭銜，根本就上不了檯面。或許這也是醫師在日本具有崇高的社會地位的原因之一吧！

攻讀博士後，再重新回來面對臨床，張耀仁也如實地發現，若具備嫻熟的理論研究訓練，對臨床的判斷具有很大的加分作用。可惜臺灣整體的醫學環境都不重視醫學的基礎研究，以致在諾貝爾醫學獎上，臺灣始終不具有競爭力。總歸，「去了這一趟滋賀醫科大學非常值得，雖然有點嫌晚，但總比沒去的要好啊！」張耀仁做了這個結論。

在博愛醫院的收穫

在擔任博愛醫院為期十年的副院長生涯裡，張耀仁除了赴滋賀學習，強化醫學理論的研究以外，他最大的收穫，就是有關於醫院管理的學習。他指出，博愛醫院雖然是蘭陽地區最大的醫院，但終究是財團法人的私人醫院，無法擁有臺大醫院那樣龐大的資源與規模，身為一名管理者，必須學會不斷地精打細算，讓支出與收入平衡。他學會了看報表，進行財務評估，懂得一分錢當兩分錢使用。

此外，作為一名管理者的另外一項技能就是部門協調與招募人員。特別是花東地區的醫院，最辛苦的就是人才難尋。為了留住人才，這名副院長必須常常對醫療人員表達關懷，甚至對其家庭，包含對其子女的教育問題都要能夠設想周到。其他如宿舍、休閒等諸多細節與問題也都需要面面顧到，才能使這一家全科醫院人才源源不絕。這些工作項目都已經遠遠超出了醫學的專業，而逼得管理者必須一一面對，或許正是如此，最後才練就沉穩和善的張耀仁十八般武藝樣樣精通的能耐！

重返後山擁抱慈濟

張耀仁位居博愛醫院的管理職位長達十年，期間經歷了臺灣有史以來最大的傷痛，九二一大地震。九二一帶給臺灣沉痛的一擊，也印證了「明天先到，還是無常先到？」這句話。證嚴法師在災後親赴臺中坐鎮，全臺灣各地的慈濟志工在這場災難裡發揮非常大的復原力量。當時身在慈濟體系外的張耀仁看在眼裡感動莫名，而在心底發願，期盼未來若有機會能再重回慈濟體系，願加入師兄師姊的行列，為這塊土地盡一份心力。

或許是心想事成吧，隔年這個機會就來了！證嚴法師希望張耀仁能重回花蓮慈院接任副院長之職。此時距離張耀仁離開慈院已有十二年光陰，在這段期間，張耀仁經過臺大醫院、羅東博愛醫院的歷練，也赴日取得醫學博士頭銜，無論是對慈濟醫院或是慈濟大學而言，皆有可借重其專長之處。而他是慈濟醫院草創期的骨幹，對慈濟醫院也是有感情的，對於自己當年年輕氣盛所做的返北決定，他多少帶點愧疚之心，所以當證嚴法師輕聲呼喚時，這件事就定案了！

重回花蓮慈院，張耀仁除了肩負行政工作，也重新執掌慈濟醫院外科。這一回，慈濟醫院已從一間區域醫院成長為醫學中心，不但科別整齊，而且擁有慈濟大學醫學院與慈濟科技大學訓練的醫護人才，他個人則可以兼顧臨床、教學、研究三者於一身，而這正是他最夢寐以求的工作樣貌！

赴麻省總醫院進修

張耀仁重回花蓮慈院的懷抱後，為了增進慈院的競爭力，做了非常多的努力。當時外科的微創手術方興未艾，他便決定前往美國觀摩，遠赴麻省總醫院取經。麻省總醫院（Massachusetts General Hospital，簡稱 MGH）創立於一八一一年，是所位於波士頓的綜合型醫院。其為美國新英格蘭地區最古老且最具規模的醫院，也是哈佛大學最大型的教學醫院及生物醫學研究基地。

麻省總醫院是由許多小型分院組合而成的，各家分院都四散在總院的附近，其中最重要的總院空間也不大，僅有內、外兩科，然其無論醫術地位或學術聲譽都馳名全球。據記載，該院曾經在一八四六年使用麻醉手術為病人進行頸部腫瘤的無痛切除手術，而這是全世界第一次使用麻醉劑的外科手術。張耀仁強調，麻省總醫院主導的醫學期刊《新英格蘭醫學雜誌》在醫界也首屈一指，享有主導世界醫療方向的權威地位。「對於一位外科醫師而言，若有治療與診斷的創新論文發表在這本期刊上，就是此生莫大的榮幸了！」張耀仁如此說。

要去這樣的醫學聖地參觀，當然也不是那麼容易的事，張耀仁也是經過了層層審核，才達成目的。那一次他參觀了許多具有趨勢性的內視鏡微創手術，張耀仁發現，美國「國強兵富」，許多手術用具都採用一次性的用過即丟，而且手術房裡有許多電腦連線，可以即時提供最新的數據資料，讓醫師隨時能掌握病人當下的各種狀況。後來，張耀仁返臺後，進行了許多外科儀器與手術房設備的補強計畫，所以，慈院現今的硬體設備的水平已經能與國際接軌了。二〇〇五年，臺北慈院啟業時，甚至還以微創手術作為宣傳號召呢！

菲律賓連體嬰的手術分割

在第二次重返花蓮期間，張耀仁的人生裡還有兩筆值得一書的大事，那就是菲律賓連體嬰慈恩慈愛的分割手術，以及印尼河馬小男孩諾文迪的腫瘤切割手術。這兩件事皆是當時醫界的大事，不但深受國際矚目，且手術難度皆極高。當時兩場手術的主刀者雖皆非張耀仁，但身為副院長的他，又正好是外科專業，理所當然就擔任了這兩個醫療團隊的領頭羊。

菲律賓連體嬰慈恩慈愛的分割手術發生在二〇〇三年，這對雙胞胎是慈濟志工在菲律賓兒童醫院發現，再送往花蓮接受評估，她們連體的位置湊巧在胸腹部與肝臟，屬張耀仁最專長的項目。他印象很深刻，這場手術的主刀醫師是李明哲主任，他是肝臟移植的專家，張耀仁則是醫療團隊主持人。為了做好萬全的準備，醫療團隊甚至製作了連體嬰模型進行術前模擬；為了促進皮膚增生，在術前則先進行了皮膚組織擴張等工作。這次的治療總共為期四個月，前後進行了兩次手術。手術很成功，慈恩慈愛回國後恢復得極好，奇蹟般地健康茁壯起來。現在她們已經十六歲，亭亭玉立，還會說點中文。看到孩子們的人生能因此而獲得扭轉，就是作為醫師的張耀仁最大的成就。

他說起這段故事時，嘴角上揚，就像談起自己的孩子一般。

張耀仁回憶往事，當手術報捷時，他的老師陳楷模教授還曾致電向他賀喜。他當初是因為臺大醫院成功分割了忠仁、忠義，才一腳跨進外科，現在自己也踏著老師的步伐，參與了成功分割慈恩、慈愛的團隊，心底的那股悸動真是難以言喻！陳楷模教授當年在忠仁、忠義的手術裡肩負總決策的責任，與他後來的角色雷同，師徒倆人在距離二十四年，先後承擔了一樣的重責大任，體會了一樣的風險與壓力，當然也品嚐了相同的成功滋味，那樣的心情起伏，大概也只有各在電話那一端的師徒倆人最能夠相互理解吧！

領導河馬男孩諾文迪的醫療團隊

就在慈恩慈愛連體嬰分割成功後的次年，二〇〇四年，慈濟志工又在印尼巴淡島發現了從齒顎骨長出腫瘤的諾文迪。這名患者只有五歲，因臉上的「巨大型齒堊質瘤」越長越大，最終佔據了半張臉而貌似河馬，被人稱作河馬男孩。

諾文迪的家裡貧寒，父母當然無力處理，河馬男孩就被送來了花蓮慈院。張耀仁說，進行臉部手術非常不容易，整個醫療團隊的成員，就包含了整形外科、耳鼻喉科、牙科、小兒科、麻醉科、感染科，也有加護病房的專業人員，陣容龐大。

手術前，他們進行了非常多的檢查，也進行了嚴密的討論，因為手術的風險很高，病人的年紀又很小，所以採用的策略是分階段手術法。當時諾文迪在花蓮慈院治療了三個多月，總共進行四次手術。Discovery電視臺對這名全世界罹患齒顎瘤年紀最小，腫瘤卻最大的醫療特例充滿興趣，專程派了一組人馬駐紮在花蓮進行一系列的密集報導，這個專題同時也採訪了全球許多相關的醫療專家，醫界一致認定這是一個手術難度極高的個案，醫療團隊表現得也非常的好！這對於花蓮慈院的醫者們，是多麼大的精神鼓舞啊！有關於這場具有國際水準的醫案，後來也刊登在許多國際媒體上，事後張耀仁參加臺大醫科的同學會，不少同學都看到了相關的報導，而使這件事成為當晚的話題呢！

擔任醫療主持人的張耀仁承認，身為這個眾所矚目的大手術的決策者，壓力非常大，尤其當團隊裡的夥伴意見不一致時，他必須協調綜合團隊裡的各種意見，再斟酌各方說法拍板定案。做錯決定的後果，不只是影響花蓮慈院的聲譽，還可能會因此喪失一條寶貴的性命，而不管是哪一部分，都不容許他失敗。

張耀仁回憶道，那次花蓮慈院的手術很成功，諾文迪的面容大幅改善，國際醫界也都對這次手術給予高度肯定。遺憾的是，受制於手術當下必須以不影響患者進食與呼吸為前提，他們也擔心切割過度會傷及患者的性命，所以當時手術並未能將腫瘤百分百的切除乾淨。醫療團隊的計畫是不妨稍待時日，等恰當的時機再進行後續手術。

隔年，諾文迪的腫瘤果然如預期地復發了，這名孩子再次蒞臨花蓮治療，很不幸地最後因為呼吸道的併發症而病逝。雖然這一次的醫療，張耀仁因轉調臺北慈院而未能參與，但耳聞此事，依然非常難過，而化為他記憶深處的一個遺憾。

接掌臺北慈院副院長

張耀仁二〇〇〇年重回花蓮慈濟醫院，五年後臺北慈院成立，他又移師臺北，坐鎮臺北慈院至今。張耀仁說，臺北慈院啟業那段日子，擔任副院長的他同時也負責外科的規劃，必須網羅人才、進行員工訓練等，這些工作都難不倒他，算是重操舊業、駕輕就熟，很快就能上軌道。當時，證嚴法師表達，希望臺北慈院能成為一所具有慈濟人文的醫療院所，醫療品質也必須具備醫學中心的等級。所幸，啟業迄今，臺北慈院皆不負所託，在趙有誠院長的努力帶領之下，提昇醫療品質，扶貧救病，病患人數也日漸增多。

與其他的慈濟醫院相比擬，臺北慈院是一所都會地區的醫院，張耀仁說，院長室主管們認真計算過，僅僅是捷運沿線，就多達十三家相同等級的醫院，包含了臺北榮總、和信、臺大醫院、馬偕醫院等大型的醫院在內。換言之，無論是病患或是醫護人員的選擇性都非常多元，而迫使臺北慈院必須面對競爭激烈、步調快速、人員流動頻繁等各種挑戰。也因此，臺北慈院必須在醫療技術與醫療儀器上都跟得上時代潮流，並提供一個舒心的工作環境給醫療人員，才能穩操勝算。

深入分析臺北慈院病患的背景資料，發現低收入、弱勢者佔比較高，也因此這所醫院的另一項特色，就是不以營利為目標，只要做到自給自足不虧本即可。但即使如此，院方仍不惜重金購買一些重量級的醫療設備。證嚴法師甚至親自交代掌管外科的張耀仁，「購買設備時，不要先顧慮錢，而要優先思考這個機器是否對病人有幫助？它是否能帶來治療的效益？」張耀仁也確實銘記在心，並貫徹落實在臺北慈院的經營裡了。

他唯一遺憾的是，一家醫院要生存，並維持品質，有其不可避免的基本成本與開銷，慈濟醫院可以不以賺錢為目標，卻不可能用降低醫院的服務品質來做善事。可惜有些民眾迄今仍未能理解這部分，即使慈院啟業多年，仍有病患的家屬是開著賓士車來，把家人丟下未結帳就跑了，他們的理由竟然是這裡是慈善醫院，不必付錢。張耀仁說，對於貧寒的病患，醫院自有社工介入幫忙，但對此有錢卻不付帳的行為則絕對不允許。

成為乳房外科的專家

張耀仁在轉至臺北慈院後，其外科生涯又有了新的發展與變化。他表示，自己在一般外科，幾乎什麼手術都經歷過了，也認為開刀就可以救人，但後來逐漸發現開刀並不能解決所有的問題。他甚至為此遠赴日本滋賀醫科大學、美國MGH取經，希望能在治療病患上找到新的突破。但人生的安排常常不是自己的預期，就在他轉任臺北慈院後發現，乳癌的患者逐年暴增，甚至名列女性癌症的榜首。

早在張耀仁參觀MGH時就已經知道，美國人罹患相當高比率的胰臟癌、潰瘍性大腸癌與乳癌，而臺灣人最常罹患的是胃癌與肝癌。隨著臺灣社會工業化、飲食習慣西化以後，臺灣婦女罹患乳癌的比率也逐年上升，發生率幾乎已經是三十年前的四、五倍之多。「病人經常多到看不完的地步！」張耀仁感嘆地說。若用數字對比，白種人每十萬名女性裡，約有一百一十人罹患乳癌；而臺灣則有六十至七十位病友，而且增長的速度還在加快步伐中，這個情形也同樣出現在大陸、韓國、日本等其他的亞洲國家。

因為這個緣故，臺灣已經有許多醫院將乳房外科從一般外科裡獨立出來，成為外科大家族裡的一項次專科。張耀仁則因為乳癌病人太多，醫療陣地逐漸從消化外科轉移至乳房外科，而變成了乳房外科的專家！張耀仁承認，治療乳癌遠比治療肝癌等消化道癌症更有成就感。由於西方婦女罹患乳癌的人數太驚人，西方世界每年投入非常多資源進行乳癌的基礎研究，所以這幾十年間治療乳癌的藥物發展速度極快，每年都有新藥推陳出新，連治療的模式都日新月異。

張耀仁常常要面對喪氣的乳癌患者向他抱怨：「為什麼是我？」有的病人是慈濟志工，師姊吃齋、助念、做志工，生活習慣良好，實在找不到致病的理由。過去面對這些病人，張耀仁經常無言以對。但相較於二十、三十年前，現今的乳癌治癒率已經大幅提高，他至少可以告訴對方，「幸好是乳癌，而不是其他的癌症！」罹患乳癌就像罹患糖尿病、高血壓一樣，就是一種慢性病，只要控制得宜，病人的生活品質還是可以很好。然而，「這些成果歸根究柢還是要感謝基礎研究學者對醫療的貢獻，也唯有醫學的理論研究一路在前面深耕播種，臨床治療才可能在後面跟著一起收割成果！」張耀仁頗有感觸地如是說道。而這可是一名經過學術與臨床、理論與實務雙重訓練的人，才會有的深刻體悟啊！

第三章　具有慈濟人文的醫院

在張耀仁的職業生涯裡，超過二十載的光陰都在慈濟醫院外科渡過，再加上花蓮慈院啟業的首位外科主任也是他，所以提起「慈濟醫院的外科草創史」時，其重要性幾乎不容小覷。

草創花蓮慈院外科

回溯這段歷史，張耀仁似乎總是微笑著在時光隧道裡忘返，可以感受到這段光陰在他的人生裡編織了一段美好的回憶。當時，他一個人獨守著花蓮慈濟醫院外科，絕大數的同僚都是臺大醫院支援的人力。在他記憶裡，泌尿外科有郭漢崇醫師；骨科有陳博光醫師、曾永輝醫師與陳英和醫師；神經外科有陳幸鴻醫師與曾漢民醫師與蔡瑞章醫師；胸腔心臟外科則是張重義醫師、蔡伯文醫師，至於整形外科則是簡守信醫師與顏江龍醫師，這些名單羅列出來真是陣仗驚人，個個是英雄豪傑，現在可都是名醫神手，這是臺大醫院醫師群菁英等級的陣容，絕非普通的地區醫院可以辦得到。在那個招募人才不易的年代，他衷心感恩老師陳楷模教授的支持，也謝謝這些老同學的援助，才讓花蓮慈院在草創階段紮穩馬步，有了日後往上躍升的基礎。

細數那一份支援名單裡，光是張副院長的同班同學，就有郭漢崇、蔡瑞章、蔡伯文三位醫師。而且在他們這一班裡，前後數年間，調派至花蓮慈濟醫院支援的就多達十位以上。這班同學感情都非常好，對他們來說，來去花蓮，豈止是工作而已，也有著與老同學相見歡的半渡假心情！張耀仁的身份就是一個二十四小時地陪，使這些重逢更具同學會的意義。

假日裡，他負責帶老同學去花蓮的風景區旅遊、參觀原住民的勝地，下班後則陪他們去吃在地美食。而且還不只是他一個人忙活著，連他的老婆兒子都被一起拉下水。小朋友負責陪小朋友玩，張夫人要下廚招待來客，並忙著與其他的太太們閒話家常。花蓮的好山好水嫵媚動人，在地的張式待客之道溫馨可親，常常讓這些匆忙的臺北人頓時找到一個遁世的世外桃源，而心生歡喜。

大廟裡的小和尚

花蓮慈院吸引人之處，還不僅於其慢活閒適的氛圍，也在於這裡是一個能讓人才發揮的場域。張耀仁說，雖然這群年輕醫師訓練完整，但在臺大醫院裡實在有太多武功高強、身懷絕技的前輩了，那些老師或學長論資歷、論年紀，皆在這些年輕的醫師之上，就算這些年輕的主治醫師蓄勢待發非常努力，也無用武之地。他們的病人多半較少，因為病人喜歡掛名醫的門診，這群年輕醫師久候的動刀機會也經常排在三更半夜，唯有師長沒興趣的手術時段才輪得到他們。一位年輕的總醫師甚至笑說，自己被戲稱為「夜班的外科醫師」。然而，一名外科醫師的成長，最重要的就是直接上戰場，只有經過不斷地執刀動手術，技藝才能與日俱增。張耀仁的一位同班同學，當年曾對遠在後山的他訴苦，每天都只能在護理站裡閒扯聊天，簡直就是浪費光陰啊！

臺大醫科的高材生，個個是頭腦聰穎，對自己期許頗高的人，對於「大廟裡的小和尚」的處境難免感到無奈，所以每當輪派到花蓮慈院支援時，他們興高采烈如掙脫鳥籠的大鵬鳥，只想一飛沖天。花蓮慈院在當時確實提供了一個極佳的發揮空間，讓這些躍躍欲試的年輕醫師找到一個美好的舞臺。

一個人當好幾個人用

而張耀仁的處境截然不同，他直接被調派去了一家剛剛啟業的醫院，但在當時，那間尚屬於小廟的醫院裡，從門診到急診的常駐外科醫師都只有張耀仁一個人，他還需兼顧行政工作，一個人當好幾個人用，經常忙到昏天暗地。難得可以放假了，又要負責接待舊故，忙得不亦樂乎，壓根兒就沒有機會怨嘆人生無聊啊！

他憶道，當時舉凡一般外科的手術，他都要上場，不管是自己動刀，或讓臺大醫院外派來的住院醫師或總醫師操刀，他皆必須在現場協助。而且在當時花蓮慈院，外科並非每個次專科都設門診，碰到腦外科或神經外科專長的中風或車禍傷患，專長消化外科的他也必須立即處理，然後再急邀臺大醫院的次專科醫師過來接手。其他如心臟外科、胸腔外科亦復如此，術前準備皆是他先行安排，次專科醫師再過來動刀。

這些過程，他必須處理到無縫接軌的地步，只要調派的人力尚未到位，他就必須獨撐大局。為了讓缺乏專科醫師照顧的門診病人，或臨時有突發狀況的急診病人都能獲得妥善的照顧，他經常忙到連喘息的空間都沒有。而且不僅僅是醫師不足，當時的花蓮慈院連護理人員也面臨短缺。尤其是手術時，外科醫師的身邊若沒有幾個有經驗的熟手幫忙，操作起來的順手度可差距不少，但在草創階段，一切靠自己，無法要求，張耀仁就這樣熬了過來。

行政工作也耗費掉年輕的張耀仁不少精力。他強調，外科手術的操作模式是「團隊作戰」，這個團隊裡必須有醫師、護理師，還有麻醉醫師、麻醉護士，以及開刀房助手，團隊之間必須有充分的默契與溝通，手術的進展才會順利，所以手術前後固定的會議萬不可缺，而這些會議的數量難以計數。為了讓大家與時俱進，他還要安排外科同仁至醫學中心接受訓練與進修。為了讓這些瑣碎的行政細節運作順暢，他還必須將所有的步驟制定成一個個固定的SOP流程，進而發展成花蓮慈院自己的外科制度。張耀仁語重心長地說，這些制度若不建立妥當，會直接影響到對病人的服務成效啊！

添購儀器更是一項大工程。幸好，當時關於儀器設備等採購之事，皆由林碧玉副總執行長負責，而無需醫師們操煩。張耀仁表示，林副總非常能幹，她的效率極好，與醫師的配合度極佳，在其印象裡，幾乎沒有她不能完成之事。當時，林副總參考了臺大醫院的相關設備，再聽取外科這位年輕的科主任建議，就自行去張羅了。身為花蓮慈院草創期的外科主任，歷經了篳路襤褸的處境，卻完全不必掛心經費與設備這些事，他真是由衷地感激啊！「謝謝證嚴法師的體恤，也謝謝林副總的能幹，是因為他們勇於承擔，才讓專業醫師只需將心思專注在自己的專業上面即可。」

聽到基層病人的心聲

在當時，即使張耀仁已經這麼努力了，慈院還是面臨了一些未曾預期的民怨。第一個就是收費問題。因慈濟的慈善形象太強，以致有些人誤以為這裡就是義診中心，而無法接受至慈院看病還必須要付錢。這使得當時催款單位的同仁非常辛苦，張耀仁說，從事慈善工作必須有智慧，而不能隨便濫用慈善資源。

其次，太多醫師都是從臺大醫院輪派過來的，他們一個月只能來駐診一週，所以病人固定來看診，卻不一定每次都能掛到同一位醫師的門診。但這也是花蓮慈院草創期的無奈，也幸好有像張耀仁這樣能幹的科主任，可以讓這段期間安然渡過。當然後來慈院逐漸建立起自己的醫療團隊，此種窘境就不再發生了。

第三是偶有病人家屬訴怨，因為病人的病情太嚴重，治療不如預期而死亡。張耀仁說，這些人忘了，花蓮慈院就是花東地區最大最高等級的醫院，當病人病重時，勢必是從小醫院不斷升級往大醫院送，所以病危的病人死在大醫院裡的數量也肯定比小醫院更多。這其實是一個符合常理的邏輯，換做任何一家大醫院皆是如此。

從這些抱怨，讓人驚訝地發現，張耀仁等一干花蓮慈院的骨幹是如此地貼近民心，以致連這些細微的基層反映，他們都聽到了。其實，這些年來，張耀仁聽到了還不只有這些。他說，有住院的病人對病房的電視只提供大愛臺與衛教頻道也頗有微詞！此外，也有病人認為，外科手術完畢需要進補，希望慈濟醫院能提供葷食。這些意見，張耀仁也都一一反映給了證嚴法師。證嚴法師雖視病如親，但對這些事仍有一些基本的堅持。他希望病人在養病期間，遠離打打殺殺的娛樂節目或氣急攻心的政治新聞，大愛臺的節目溫馨平和，可以提升正面能量，才最適合病人觀賞。至於素食，不但營養，也可以護生造福，同時可以節能減碳愛護地球，希望病人能儘量嘗試。很感恩，大部分的病人與家屬都能理解並接受慈濟醫院的堅持，亦將茹素視為佛教醫院內理所當然的風格，漸漸也就相安無事了。

何謂慈濟人文風格的醫院？

慈濟醫院是佛教團體所成立的醫院，與其他醫院之別，就在於慈院具備了所謂的「慈濟醫療人文」。對此風格，張耀仁特別以三大特色作為解釋：

其一，慈院是一所關懷弱勢的醫院。慈濟是一個以慈善起家的佛教團體，證嚴法師在訪貧過程中，發現因貧而病或因病而貧的個案，比比皆是，因而意識到「貧病一家」密不可分，於是初期從義診開始，後來發現花東缺乏大型醫院，導致病人在外送時甚至危及生命，這才動念興辦醫院。花蓮慈濟醫院啟業後，首創全臺灣第一家不收保證金的醫院，並帶動臺灣醫界群起效法。幫助到真正的弱勢病人，這也就是行善需有智慧的體現。

其二，慈濟醫院裡處處是志工，視病如親的氣氛特別濃厚。慈濟醫院建院的精神依歸是證嚴法師，藉由早晨與各慈濟醫院的志工早會連線與大愛電視臺，將慈悲喜捨四無量心的佛教精神理念傳遞給醫療志工與醫護團隊。慈濟志工與其他慈善機構義工最大的不同之處，在於志工在制度嚴謹的慈濟體系裡長期薰法香，發展出高度的使命感，以無所求的付出，自假自費到慈院奉獻心力，歡喜承擔醫病之間的溝通橋梁。

其三，以優質的醫療技術拯救罕見怪病。如前所述，證嚴法師經辦醫院的目的，是為了要救助為病所苦的貧苦民眾。其中有些罕見疾病成因極為複雜且醫治不易，這些罕、重疾病患皆需龐大的醫療團隊通力合作，越困難的罕見疾病，所耗費的醫療費用也更高，絕非貧困病人與家屬所能承擔的。而證嚴法師希望，這樣的重擔就讓慈濟醫院與慈濟基金會來扛吧！各家慈濟醫院陸續啟用後，治癒了許多嚴重難治病症的病人，聲名遠播至海外，而慈濟人醫會在海外義診發現的困難病症，例如菲律賓三對連體嬰、新加坡罹患罕見的遺傳性神經系統退化的潘氏兄妹、印尼罹患「巨大型齒堊質瘤」的河馬男孩諾文迪等，也跨海送到臺灣慈院接受治療，這亦使得專治罕、重疾的形象成為慈濟醫院的重要標記。

外科在慈濟醫院備受矚目

也因如此，外科在慈濟醫院的重要性不言可喻了。張耀仁說，在先進國家或已脫貧的臺灣，要找到像諾文迪這類難得見到的畸形重症並不容易，因為這類病人幾乎在產檢的第一時間就已經被發現並及時處置了。慈濟醫院因有遍布全球的「國際慈濟人醫會」與慈濟基金會海外分支會，才有機會從東南亞、大陸等不同的地區發現各種罕疾個案。因此在慈濟醫療體系擔任外科醫師，更可能接觸並學習如何治療這些困難病症，也可以說慈濟的外科醫師有更大的發揮空間。

「國際慈濟人醫會」成立於一九九六年，是證嚴法師期待「以人為本」的全人醫療組織。所謂的以人為本，舉凡病人需要的，無論是經濟協助、身體醫療、心靈撫慰，慈濟人都要盡其所能地做到全程、全時、全家的關懷，而所有慈濟醫院的醫師理所當然皆是人醫會的成員，也因此每一位成員亦皆有參與幫助這些特殊案例的機會。

張耀仁強調，慈濟在全球發現的亟待救助的醫療個案，也有涉及眼科、骨髓移植、神經科或遺傳疾病等病症，這些重症同樣要耗費極大的醫療成本，而慈院內科團隊的同仁也表現得非常好。只是體現於外的外貌或外形改變，比較容易被發現，只要經過外科手術，這類病人又能立即展現立竿見影的治療效果，成功地吸引人們的目光。這些手術前後判若兩人的案例充滿故事性，同時又深具挑戰性，經常會被媒體披露，進而吸引來更多類似的案例。這些案例經過長時間的累積，就逐漸形成慈院令人記憶深刻的外在形象，也因此更凸顯了外科在慈濟醫院的重要性。

七家慈院各有特色

目前全臺總共有七家慈濟醫院，分別是比較大型的花蓮慈院、大林慈院、臺北慈院、臺中慈院，以及較為小型的玉里慈院、關山慈院與斗六慈院。玉里與關山這二間小型的地方醫院，原本都有善心人士經營或籌劃，嘉惠鄉里，但因醫護招募不易，難以永續，且無人願意接手，唯有慈濟基金會以奉獻地方的心態延續愛心，除花蓮慈院支援專科門診外，亦堅持提供二十四小時急診服務，對於醫療資源缺乏的偏鄉，有不可或缺的存在價值。

至於其他四家大型醫院，張耀仁說，每家都大約有一千張病床的規模，而且各有其不同的特色。花蓮慈院屬醫學中心，它與慈濟大學與慈濟科技大學形成慈濟醫學園區，教學任務與研究發展的角色更為濃厚。大林慈院位於嘉義，建立在甘蔗田中，所謂田中的大醫院。當地的老人居多數，老年病症的醫療就成為發展重點。臺北慈院則是標準的都會地區的醫院，以微創手術等新科技作為服務的號召，但根據問卷調查，整體服務範疇依然以弱勢族群為多。臺中慈院設有護理之家，對於慢性病的照顧更為擅長。慈濟在海外亦有分院，印尼慈濟醫院大約有五百五十六張病床，將於二〇二〇年啟業，這座完全由當地師兄師姊集資改成的大型醫院，設備完善，並充滿慈濟人文精神，預計將受到以穆斯林為主的印尼社會特別的矚目。

以器官捐助發揮慈悲心

慈濟醫院皆以建立具備「慈濟人文風格」的醫院為目標，所以醫院對於一些特別能凸顯慈悲心的制度都非常關注。其中之一就是「器官捐贈」。

國人一直有全屍觀念，且民間常常流傳，人死後八小時不宜搬動等說法，影響了人們器官捐贈的意願。為此，證嚴法師特別以《無量義經》為大家解惑。經文有云：「能捨一切諸難捨，財寶妻子及國城，於法內外無所吝，頭目髓腦悉施人。」亦即唯具備了「頭目髓腦悉施人」的大愛，才是真正地行菩薩道。

在證嚴法師登高一呼之下，慈濟體系的各團體也都積極地進行器官捐贈的勸募。勸募的範圍很大，從腎臟、肝臟、心臟、肺臟、眼角膜、骨骼和皮膚甚至血管、瓣膜等組織皆包含在內。慈濟各醫院都有完整的勸募團隊。花蓮慈濟醫院外科加護病房外甚至有一個常駐的器官移植暨勸募團隊。張耀仁說，志工在這裡扮演舉足輕重的角色，蘇足師姊就是其中之一。例如，蘇足師姊每天守護在外科加護病房外，對家屬們噓寒問暖，再慢慢從中了解病人的家庭背景與病況，在醫師宣布醫療無效的狀況下，會由醫護人員負責勸捐，而志工的陪伴與解說，則讓家屬更加理解器官捐贈之意義。

張耀仁對於器捐菩薩的大捨大愛特別感激。他是外科醫師，與器官的捐贈與移植關係密不可分，他幾乎時時刻刻可以感受器官衰竭的病人在生死邊緣掙扎的痛苦，而這也是他當年決定去日本滋賀學習肝臟移植的原因。張耀仁指出，臺灣地區目前正在排隊等待器官移植的病人多達五、六千位，僅僅是肝衰竭者就有數百人之多，但目前每年的器官捐贈者僅有兩百餘人，根本無法搶救這麼多的等待者。

蕭智謙的感人故事

在慈濟積極推廣器官捐贈多年裡，其中一位著名的捐贈者就是蕭智謙。他是臺北慈院首位捐贈器官者，當時只是名就讀文化大學的年輕學子。二〇〇五年，智謙十八歲的那一年，某一天騎機車上學途中不幸發生車禍而昏迷不醒，最終呈現腦死狀態，他的母親許慎慧毅然簽署器捐同意書，捐出兒子的心、肝、兩枚腎、兩枚眼角膜、皮膚與四肢骨頭，造福逾六十名病人。

二〇一二年美國加州舉行玫瑰花車遊行，與美國慈濟總會和臺灣的慈濟醫院密切交流的器官捐贈組織「One Legacy」，首度邀約臺灣捐贈者參與遊行，經臺北慈濟醫院推薦，蕭智謙的家屬成為受邀對象。該組織在花車上展示了七十二名器捐者的照片，並邀請器捐者家屬和受惠者一起登上花車，參與這項盛會。這是一個失去生命者遺愛人間，幫助別人重生的偉大故事，家屬則形同在每一位重生者的身上找到親人生命的延續，而別具意義。

蕭智謙的故事也曾被大愛電視臺改編成戲劇《我的寶貝》。他的母親許慎慧在兒子器捐隔年的清明節前夕，在大愛電視臺看到一名器捐受贈者洪先生的故事。他罹患猛爆性肝炎，預估只能存活兩個月，幸好在緊急關頭獲得一名年輕人肝臟的捐贈而重生。比對時間與醫院，許慎慧驚覺：「這是我兒子啊！」同樣的，洪家在收看大愛電視臺描述蕭智謙的故事時，也推估出肝臟的來源可能是這一家人。這兩家人直至一場器捐感恩音樂會上才終於碰面。許慎慧忍不住對洪先生說：「我能摸摸我的兒子嗎？」對方立即掀起上衣，指著肝臟部位說：「他在這裡。」許慎慧拭淚輕撫：「媽媽總算見到你了。」

自此以後，這位充滿大愛的母親，每年母親節都收到洪先生全家製作的賀卡，她失去了十八歲的兒子，卻獲得了一位四十八歲的兒子。而且她知道自己的孩子正以不同的面貌活在其他六十餘人的生命裡，他是犧牲了自己，讓其他六十餘個家庭獲得幸福。原本只是名尋常家庭主婦的許慎慧，面對這樣的意外，她當然可以永遠扛著這個挫折，背負著一個可憐母親的標籤，一輩子悲雲慘霧、埋天怨地的過日子，但也可以在這個轉折裡體悟人生不同的意義，而活出不一樣的人生！

移植手術需要高度的專業

張耀仁作為一名外科醫師，經常會被這些充滿大愛的故事深深感動。這類故事曾在臺北慈院上演過許多次。而在眾多的器官移植個案裡，又屬換腎臟的最多，其他如換心臟、肺臟、胰臟，甚至小腸的也都有。既然捐贈器官是不容易的決定，處理器官移植的醫者必然更要慎重其事，才不辜負捐贈者的託付。

張耀仁指出，移植器官的手術工程浩大，必須有好幾個團隊共同完成。第一個團隊負責在第一時間內緊急摘取與運送；第二團隊負責植入器官的修飾整理工作，以配合受贈者的體型、結構等；最後才由第三個團隊負責種植器官至受贈者身體。時間耗費動輒數十小時，主其事的醫師日以繼夜，分秒必爭，不得休息。張耀仁強調，這些器官脫離人體之後重啟灌流的時間非常有限，尤其是心臟，時間最為緊迫，而眼角膜、骨骼等則相對較為緩和，骨骼與韌帶甚至可以先冷凍保存，再視情況解凍分割給不同的病人接受移植。

器官移植不僅難度極高，又細分活體移植、屍體移植，不同器官移植又需要不同的專業培訓，擔任主刀的醫師必須耐得住體力上的消耗，同時還要具備移植器官的專業執照才得以承擔。張耀仁雖然也具備這些專業與肝臟移植的專科執照，但因其專業已移轉至乳癌，再加上年事漸高，理所當然便將舞臺拱手讓給其他年輕醫師了。抱持著成功不必在我的心情，身為副院長的張耀仁對臺北慈院這些年輕外科醫師的專業表現也是大加喝彩呢！

親身參與「五院合一」的支援行動

有關於慈院的器官移植手術，在慈濟醫院日誌裡有一則與張耀仁有關的案例。那是二〇〇五年，剛剛完成蕭智謙器官捐贈的次日，花蓮慈院器捐小組負責人李明哲主任剛搭上飛機去日本參加國際醫學會議之後，另外一位與李主任僅一姓之差的「明哲」就被送到了花蓮慈院，這位明哲的家人同意在病人第二次判定腦死後即捐出所有器官，於是在李主任不斷的電話聯繫下，慈院啟動了「五院一家」支援行動。

在此行動裡，負責移植的是一般外科何冠進主治醫師，他已經有足夠的移植經驗，也能獨立完成移植手術，然因累積的案例數量不夠，而無法申請獨立作業，必須有資深醫師支援指導。負責支援的就是大林慈院的尹文耀主任與臺北慈院的張耀仁副院長。當晚八點四十分臺北慈院張耀仁副院長即登上火車，趕在午夜十二點以前到達花蓮慈院。他一到達，立即更衣進入手術房，準備為明哲先生進行捐腎移植手術。只可惜沒有多久，移植小組辦公室就接獲通知，該二枚腎臟因病患於術前氧合狀況不佳，有部分缺血情形而不適宜捐贈與移植，這場手術才被迫作罷。所幸隔日的眼角膜移植很順利，十二月四日，眼科李原傑醫師於凌晨一點至四點，將二枚眼角膜分別移植給六十五歲患有白內障的男性，以及一位因為外傷導致失明的男性，兩位病患也終於因此而重見光明。臺北慈院張副院長與大林慈院尹文耀主任在此過程充分發揮了合作精神，展現了五院一家為器官移植而努力，提供了必要的關心與協助，而讓慈院的整個移植團隊展現了強大的專業素質與醫師陣容啊！

微創手術是醫師與病人的福音

臺北慈院另外一項值得一提的特色就是「微創手術」。微創手術的發展與科技的進步息息相關。在張耀仁擔任外科醫師近四十年的光陰裡，正見證了外科手術這段不斷向上躍升的歷程。他指出，外科手術發展的最重要指標就是傷口越來越小，而住院天數越來越短。傳統手術的傷口多半很大，後來發展出來的「腹腔鏡」、「胸腔鏡」已經能將大手術的傷口縮小到幾個小洞。在這類型手術過程裡，外科醫師只要以一款帶著燈頭的管子潛入病人體內，再搭配高解析的顯影鏡頭，就能看著螢幕，藉由從管子裡抽換器械，替病人開刀了。由於醫師的雙手自始至終都不必進入人體，病人的傷口可大幅縮小、出血量也大為減少，並大幅降低感染風險，而能讓病人在最短的時間內恢復健康。張耀仁稱讚，這真是「以管窺天」最極致的表現啊！

自從人類的科技再進步到可以登上太空，並遙控太空小艇後，醫學又進一步地發展出「達文西微創手術」。所謂的達文西微創手術，是利用遙控機械手臂代替人手進行手術。機械手臂可以三百六十度旋轉，遠遠超出人類的極限，而且這些手臂非常靈巧，可以處理位置更深、範圍更大的病灶。進步的高解析度螢幕則能讓外科醫師避開許多死角，擁有比親眼目睹更清晰之視野；若讓螢幕放大，甚至看得比肉眼更精細，即使縫合細小的血管也不再是難事，而這些都可以讓手術的表現臻於更完美之境界。

進行達文西手術時，外科醫師只需在遠端按鍵操作，而不必一如過往地守在手術臺上，對保留醫師之體力頗具意義。張耀仁說，面對動輒十幾個小時的大型手術，外科醫師經常連吃飯如廁都很辛苦，老醫師即便經驗老道也無力承擔。通常一名外科醫師的高峰期約在四十至六十歲，年過了六十，體力不濟，就逐漸走下坡了。但達文西微創手術的出現卻大大減輕外科醫師的操勞，而延長了外科醫師壽命，在國外甚至於出現九十歲的高齡外科醫師，讓珍貴的外科經驗不必因為年齡的緣故被迫中斷，無疑對外科醫師與病人皆是一大福音！

達文西微創手術另外一項值得稱道的優點是，外科手術基本上就是一種極為專業與細緻的手工操作，但絕非每一位外科醫師都是天生好手，對於部分缺乏一雙靈巧雙手天賦的外科醫師，有了達文西的協助，就等於找到了彌補之道。

目前，微創手術大約分有「腹腔鏡」、「胸腔鏡」、「腦部導航定位手術」等幾個類別。微創手術主要是在人體的空腔內進行，如腹腔或胸腔。至於脆弱的腦部，更是盡可能傷口越少越好。目前對於腦傷的微創手術概念是來自於飛彈導航系統，微創手術利用導航的立體定位鎖定腦部的病灶，然後以一根器械直達患處，大幅減少手術對腦部之破壞。

最新的微創手術發展，張耀仁指出，不僅縮小傷口，或將傷口隱藏在腋下或肚臍眼這類不明顯的位置，現在甚至發展到讓機械手臂從自然口進入，例如嘴巴、肛門、陰道等等。例如，臺北慈院就曾利用從口入進行甲狀腺腫瘤的切除。這種作法連外表都看不到傷口，既維持病人外觀的美麗，又可以加速復原，值得大力推廣。

臺北慈院的微創手術

目前由於不是所有的微創手術都在健保給付範圍內，所以要體驗這種進步的手術，口袋依然要夠深。一般的內視鏡手術計費大概在五至十萬元之間，若用到達文西手臂則高達二十至三十萬元。張耀仁強調，所有的微創手術都奠基在人為操作的經驗上，所以外科醫師若沒有累積足夠手術臺上的實戰資歷，也是沒有辦法進行微創手術。也因此，臺北慈院在開發與推廣微創科技的同時，絲毫未敢輕忽外科醫師紮實的傳統操刀訓練。

臺北慈院到底有哪些微創手術呢？張耀仁表示，目前主要集中在胸腔與腹腔部分，從盲腸、膽囊摘除的小手術到長達六、七個小時方可完成的壺腹癌（一種在胰臟、十二指腸、總膽管岔口處罹患的癌症。因涉及多種器官，而擁有多達三至四處的局部切除與傷口銜接，也被稱為Whipple Operation）大手術，都可以使用微創手術。其他如肝癌、胃癌、大腸癌，甚至腎臟、心臟病變，以及肺癌的肺臟切除，也有微創手術。臺北慈院目前還在發展乳癌微創手術，希望讓乳房切除、淋巴摘除這類大面積的傷口可以縮減到最小的範圍。

陪病人最後一哩路的安寧病房

現代醫院的另一個發展趨勢，就是安寧病房的設置。張耀仁表示，對醫院而言，安寧病房是不賺錢的部門，病人在那兒並不進行積極治療，院方只提供病人例行的支持性醫療與生活照顧，例如一般的點滴、大小便的照料、呼吸道的維護、發燒感染的處理、嗎啡止痛等，照顧這些病人耗費的人力很大，收益卻不高。院方也多半認為，醫院的床位很珍貴，應該留給急症或需要積極治療的病人，再加上不少臺灣人習慣在家臨終，會選擇在最後一刻趕著返抵家門，所以幾乎每家醫院的安寧病房數量都非常有限，有的醫院甚至於不願意將資源用來成立安寧病房。

但不可諱言，安寧病房是非常人道的設計，終究不是每個家庭都有足夠的設備與訓練能夠妥善照顧臨終病人。對於生命已到盡頭，頭腦仍然清楚的病人，安寧病房的規劃，可以讓他們在生命的最後階段得到最有尊嚴的照顧。安寧病房的另一個重點在於，院方不只會照顧病人的身體，也會關懷病人暨其家屬心理的狀態，所以在這些病房裡，宗教輔導人員或心理師等人也扮演了重要角色，他們也會陪伴著病人一起走完人生最後的一哩路。

張耀仁曾經參加過自己一位病人的「生前告別式」，就是在心蓮病房，也就是慈濟的安寧病房裡舉行的。這位病人非常勇敢，她來看診時已經是嚴重的第三期乳癌，因為控制得很好，還一度報名參加「抗癌鬥士徵選活動」，並請張耀仁替她寫推薦函。沒想到兩年後，癌細胞轉移腦部，即使做了各種應有的治療，依然無法起死回生。這位慈濟師姊知道自己來日無多，便決定在病房裡舉辦生前告別式，也邀請了志工、護理師、社工與醫師等人一起參加。當天的氣氛很溫馨，大家並沒有哭成一團，她以豁達的態度回顧了自己的一生，表現得非常堅強，兩週後，她就駕鶴西歸了。張耀仁說，其實，心蓮病房的用意也就在此，只要能夠減輕病人的痛苦，讓他們在人生的最後階段可以「好來好去」，就達到目的了！

目前，慈濟四家大型的醫院都有設置心蓮病房，臺北慈院的床位大概在十四床左右。張耀仁指出，由於臺灣法律還不接受安樂死，醫療院所可以不提供積極治療，卻不可以對死亡進行任何加工，例如給藥加速死亡等。

慈濟志工讓居家護理服務更周延

另外，與安寧療護息息相關的，是政府目前正積極推廣的「長照」制度。因為並非所有奄奄一息的病人都會立即過世，例如中風病人甚至還可以活得非常長久，但他們的失能狀態又非一般家庭所能承擔，此時，安寧病房就不一定合適，居家護理的「長照」反而更被需要了。

這些長照對象主要是針對「三管病人」，即使用鼻胃管（或胃造廔管）、導尿管、呼吸管的病人。所謂的呼吸管是指氣切病人。鼻胃管則是從鼻子外插一條管子直接抵達胃部，讓失去吞嚥功能的病人藉此食用流質食物。有些鼻胃管病人則會改用胃造廔管，直接在胃部打洞接管餵食，而不仰賴口鼻的管子進入。胃造廔管的優點是病人不必每個月都要歷經一次侵入式的換管痛苦，也減少外貌上的不美觀，卻增加了一個必須日日照顧的傷口。

總歸，這些病人基本上都已失去自理能力，連呼吸、進食、排尿都有困難，而必須仰賴這些管線維生。但他們的生命跡象又很穩定，既無法在醫院佔據急症病人的床位，就只能回家了。如果家屬最後決定不將病人送至護理之家，而是在家自行照顧，就需要醫院的「居家護理人員」的協助了。

居家護理的工作，主要仰賴家醫科的醫師與護理人員負責。張耀仁說，這個部門本來是一個小單位，無奈中風病人實在太多，在長照的需求下，已經在不斷擴大編制。由於貧病本一家，慈濟又是從慈善團體起家，所以慈院對這類的病人必然會付出更多的關懷。也因此，臺北慈院在進行居家護理時，與其他的醫院最大的差異是，慈院會結合社區的慈濟志工一起加入照顧的行列。

慈濟基金會幾乎在全臺各地皆有分會，對地方上的貧病、老弱、殘疾的狀況都能掌握到位。藉著這個優勢，臺北慈院的醫護人員在進行居家護理時，若碰到需要關懷的對象，一定會同步通報當地志工，然後讓志工濟貧扶弱的力量一起介入。這些個案只要通過審查，吻合慈濟救助的標準，該個案所獲得的協助與資源，就是集合政府長照、慈濟醫院居家護理、慈濟志工的多重力量。張耀仁很感恩慈濟志工深入長照據點，是他們毫無怨尤地付出，才使臺北慈院的居家護理服務變得更為周延，也更具特色。

「醫療決策共享」的起步

臺北慈院另外一項在嘗試推行的現代醫療觀念是「醫療決策共享」（Shared Decision Making，簡稱 SDM）。這是醫策會大力推動的概念，強調病人也有全知的權利，無論醫師做任何醫療處置，對病人皆負有告知與解釋之義務，病人則可在醫師之建議下，自行決定醫療的方向。換言之，醫療的決策是在雙方共同商量後，在彼此都同意的狀況下所做的決定。而這與舊時代，只要病人走進了醫院，就全由醫師做主是截然不同的。

張耀仁舉例，現階段乳癌病人的治療，手術切除與化療（或標靶治療）的先後順序已經可以有不同的選項。先進行化療或標靶治療的優點是，醫師可以從治療的過程裡獲知該藥物對病人的療效，倘若效果很好，癌細胞縮小了，也可以減少乳房切割的範圍。如果療效不佳，至少已經知道該藥物無效，而可從醫療選項裡予以刪除。要是一旦癌細胞切除了，術後再進行輔助性的化療，就難以判斷注射入的藥物的療效程度，運氣不佳的病人很可能必須為一場無效治療而忍受諸多的痛苦。但也有病人擔心，萬一化療或標靶的療效不佳，又延後了手術時程，是否提供了癌細胞趁機坐大的可能性呢？在這種兩難狀態裡，醫師與病人就需要共同討論磋商，進而找到最佳的治療決策了。

張耀仁指出，推廣「醫療決策共享」的前提是，社會的進步、普遍醫療知識水準大幅提升，民眾的素質已經到達相當程度。在民智未開時，醫師告知病人太多，形同在找自己的麻煩，尤其當病人的專業不足時，更會製造醫師的困擾。萬一這名醫師不走運，碰到的是事後諸葛型的病人，不願意為自己的決定負責，還容易產生醫療糾紛。但無庸置疑的是，當病人的水平到達一定水準時，這種告知就成為一種尊重。即使病人選擇不治療，醫師都應該尊重。

雖然現在已不像幾十年前，醫師經常在家屬的要求下隱瞞病情，以致許多癌症病人甚至連去世前都不知道自己罹癌。然而，張耀仁承認，由於醫療人力依然短缺，醫護人員時間有限，即使現在社會的共識已進步到可以告知病人實情之地步，究竟「醫療決策共享」可以共享到什麼程度才最為適當，大家仍在摸索之中。當然，張耀仁也同意「醫療決策共享」絕對是一個具有前瞻性的、進步的醫療制度，他真心期待與大家一起往這個醫療概念邁進，並祝願此美好的制度能完善地落實。

一個理想的外科環境

問張耀仁，他心目中理想的外科究竟為何？話題還是回到外科醫師的日夜操勞與重重壓力之上。他遺憾現在許多孩子使命感不夠，遺忘了醫師以救人為天職，選擇科別只從輕鬆無害的角度出發，甚至以功利為考量，而使得外科日漸趨於冷門。

他同意，這個結果當然不能都責怪這些年輕醫師，而是整個社會風氣使然，醫病關係逐漸冰冷且商業化也是有巨大影響。外科醫師的養成期非常長，不僅修業時間比一般醫師長，入行後又必須依照不同的訓練階段通過不同的證照考試，才能夠如預期般行醫。等到一切訓練完成，該領取的執照都通過了，皆已經三十餘歲了。

外科醫師面臨的壓力也非其他科別所能比擬，張耀仁說，內科若不小心用錯藥，還有修正空間，但他們一刀開下去，就是一步錯步步錯，完全沒有修改的餘地。同時，外科醫師經常無法一覺到天亮，必須二十四小時待命，他們肩上擔負著開刀成敗的責任，碰到病人有任何併發症，家屬皆唯外科醫師是問。長期在這種高壓環境下生活的結果，就出現了臺北醫師公會的統計數字——外科醫師的平均壽命遠比一般醫師少了十年。「難怪年輕後進為之退卻啊！」張耀仁笑說，「外科醫師們曾湊一起開玩笑，直言再這樣下去，臺灣人以後得找外籍醫師來開刀了！」

他認為，一個理想的外科，必須要先有一個尊重以及保護外科醫師的社會環境。他以婦產科為例，在現在少子化社會裡，婦產科醫師也是二十四小時待命的辛勞付出，同時又面臨生產意外的風險，以致婦產科醫師同樣面臨人才短缺的困境。為了解決這個問題，政府修改了婦產科的意外事故補償制度，當醫師面臨醫療事故、嬰婦生產死亡等問題時，可獲得政府提供的補償。此對策一出，婦產科醫師的人才馬上就回流了。他深深期許政府對外科也能做出相對應的修正。他尤其堅持，先進國家絕對不會隨便對外科醫師動用刑法，但在臺灣，如果手術出了問題，外科醫師是可能會吃官司，惹上牢獄之災的。如此龐大的壓力加諸於一名外科醫師，實在是生命無法承受之重啊！

重新再選擇還是選外科

但再問他，若可以重新選擇，還是選擇外科嗎？他卻又斬釘截鐵地表示，絕對還是選外科。因為自認其性情就是天生的外科醫師！他描述自己的性格喜好挑戰，充滿好奇心，而且速戰速決，不喜歡拖泥帶水。同時，他不善辭令，不愛逢迎，做事實事求是。這些似乎都吻合外科醫師的職業特性。

因為外科醫師永遠是站在第一現場的人，唯具好奇心者，才能在發現真相的手術過程裡獲得樂趣。而且一旦將人體剖開後，意外地發現實情並不如預期時，外科醫師也必須快刀斬亂麻，立馬重新做決策。在龐大的時間壓力與決策壓力下，都讓外科醫師面臨極大的挑戰，而也唯有不畏挑戰且個性果斷的人才足以勝任這個角色。而且外科醫師仰賴的是雙手的技巧，不是靠一張嘴開刀或治病，這也符合了他本人腳踏實地、行動勝於雄辯的性格傾向。

張耀仁說，當了一輩子的外科醫師，也讓他理解到一件事，即儘管自己的本性非常適合這個角色，但這個工作依然改變了他部分的個性。他是一名懂得自省的醫師，當未能把病人救回來時，他常會百般難過，甚至於愧疚。他忍不住問自己，為何當病人把生命交給了自己，最後卻辜負所託呢？他形容自己是一個寧可投注大量心神檢討醫療決策是否妥當，卻不願意浪費絲毫心思爭名奪利的人。

歷經了漫漫醫路，他逐漸發現開刀也不是萬靈丹，醫治病人最好的方法，可能在手術以外，仍兼有其他的途徑。他雖然熱愛外科，對外科充滿熱情，卻也逐漸能彎下身軀，以謙卑的態度接受世間沒有絕對真理的事實，他因此慢慢修正昔日唯醫師的專業獨大的姿態，而能較周全地站在病人的角度看待事情。張耀仁就這樣從一個非常自信，甚至充滿傲氣的醫師，轉變成一個謙虛而圓融的人！這是外科生涯送給張耀仁的禮物。帶著這樣的贈禮，再接受慈濟人文的薰陶，便成就了今日的張耀仁，一個具有見地又溫暖的慈祥醫者！

第四章　從好學生到老教師

作為一名學生，張耀仁的表現從來就是第一流的佼佼者。回顧學醫之路，他強調自己在許多老師身上都獲得了啟發。老師們有些已經作古，有些依然健在，他們都是自己人生裡的貴人。提及這幾位師長，一方面藉此表達學子對恩師的感恩，另方面也是回顧生命中受益良多的深刻印記。

林天祐教授　手指切肝，臺灣之光

羅列在張耀仁恩師清單裡的第一位就是林天祐教授。嚴格說起來，林天祐應該稱為師祖，是老師們的老師。臺大醫院在日本人走後，接手的就是林天祐教授。他在臺大醫院外科服務四十餘年，堪稱為領導外科時間最長且功勞最大的前輩之一。這位老教授自一九六二年接任臺大外科主任後，就積極發展外科大家族裡的各個次專科，日後臺大醫院才有一般外科、胸腔外科、骨科及心臟外科等不同次專科的獨立部門。而這意味外科邁向了更精細的分科，讓每位外科醫師都可以更專注在特定領域裡，發展成該領域裡的專家。林天佑教授的作法無疑是非常重要，而且具有前瞻性的。

林天祐教授最令人景仰之處，是他獨創的「手指切肝法」，張耀仁興奮地說。這個方法獨步全球，連西方人都嘖嘖稱奇，還被編寫入「世界外科史」裡，成為後人瞻仰的里程碑。張耀仁有幸在住院醫師第一年的R1時期跟過這位老教授開刀，親眼目睹老師手指切肝的獨門技法。

他說，在那個時代，麻醉、止血的技術皆不夠好，也沒有大量的儀器設備對病人進行監控，一切都要仰賴醫師的經驗自行判斷。要進行一場大量失血的肝臟手術，難度極高，風險極大，當時擔心病患出血不止，在手術前就先行輸血，且醫師開刀也講究速度，要盡可能在最短的時間內完成手術，以減少失血危機。令張耀仁印象深刻的是，祖師爺開肝手術的手腳真是快速俐落啊，而且以手指頭就能切肝，以手指頭即能止血，那真是精巧的手藝活而令人歎為觀止！

隨著時代不斷進步，這套獨門技法早已派不上用場，但在當時可是偉大的創舉。張耀仁說，這是舊時代的產物，歷史裡令人津津樂道的一頁，在那個什麼都還沒有的時代，以土法煉鋼就能完成肝臟手術，實在令後生晚輩佩服不已！

洪啟仁教授　臺灣心臟外科第一人

第二位讓他懷想的老師是開心手術首屆一指的洪啟仁教授。臺灣早年動心臟手術的人微乎其微，一方面是手術一旦失敗，大概就性命不保；二方面是因為醫療費用昂貴，在沒有保險下，一般家庭難以負擔。所以多數人寧可以藥物拖著病情，也不肯輕易手術。洪啟仁教授是在林天祐教授的栽培下，展開對心臟手術的研究，之後他又赴美研習多年心臟手術的技術，並將此最新技術帶回臺灣。經過洪啟仁教授對心臟手術的積極深耕後，臺灣人不敢動心臟手術的窘境才為之丕變。慕名而來的病人絡繹不絕，臺大醫院也因此發展為臺灣心臟外科醫療之重鎮。

洪啟仁教授在許書劍教授之後接任臺大醫院外科部主任，他還在臺灣遭受美國斷交之痛不久，擔任中沙醫療團召集人，遠赴沙烏地阿拉伯營運醫院，成功地為臺灣以醫療進行外交。多年來，洪啟仁教授還培育了許多優秀醫師，如林芳郁、侯勝茂、張珩、張昭雄等人，都是其得意門生。而這位醫術高超、聲名遠播的大醫王，嗣後則被新光醫院挖角，榮升為該院院長。

洪教授之於張耀仁，還有一段與眾不同的淵源，原來洪教授在臺大醫院期間，巧逢張耀仁走入婚姻，所以這位當時擔任外科部主任的老師，也就成為主持學生的婚禮的當然人選，為張耀仁邁入人生新階段留下一段深刻的美好記憶。

提起這位老師，留給張耀仁另外一個深刻印象是他的翩翩風采。洪教授溫文儒雅、彬彬有禮，外型極為體面優雅，舉手投足皆一派紳士風度。一位技術高超的醫者能具備如此相互匹配的風範，必然是心生於內而發於外的結果，這也是一種外科醫師不可多得的境界，而讓張耀仁極為仰慕。

陳楷模教授　外科醫師要有獨立思考的能力

另外一位讓張耀仁念念不忘的是他的恩師陳楷模教授。有別於其他老師，陳教授的次專科是消化外科，是貼身指導張耀仁的恩師，也是張耀仁直接學習的榜樣，他們之間的關係特別密切。

這位外科界的大老，素有「雷公」之稱而霸氣十足，他對學生的要求極為嚴格，學生若有犯錯，會被罵到狗血淋頭，讓年輕醫師個個對之敬畏再三。正因如此，強將之下無弱兵，這位老師也教導出許多著名的外科醫師，除了張耀仁以外，林口長庚醫院院長陳敏夫、亞東醫院院長朱樹勳、新光醫院副院長黃芳彥、臺大醫院李伯皇主任、臺大醫院張金堅主任、成大醫院林炳文主任等人均是他的子弟兵，而陳教授本人最後也高升至國泰醫院院長，成就非凡。

張耀仁對恩師的記憶，特別在於老師再三強調的，一名好的外科醫師一定要具備獨立思考的能力。問張耀仁，如果外科與內科的觀點不同，該如何定奪？他回答，「當然是外科作主，因為外科醫師是站在第一現場的人，只有外科醫師才看得到人體剖開後的真正實況。」而這正是恩師千叮萬囑的，外科醫師不可以太軟弱，任憑內科醫師指揮，而淪為內科醫師的棋子。後來他自己站上手術臺，更充分理解老師如此教導的緣由，因為執刀的是外科醫師，家屬最後是找外科醫師負責。作為一個扛最終責任的人，當然應該要有足夠的氣魄，自行判斷，自行負責。而這樣的思維，後來也發展為外科醫師普遍的態度，甚至於有些人認為，要具備強勢的人格特質者才適合擔任外科醫師呢！

魏達成教授 將手術化為藝術演出

另外一位讓張耀仁讚歎不已的恩師是魏達成教授。魏教授出生於臺灣的醫生世家，父親是具有高知名度，曾任臺大醫院院長、中研院院士的魏火曜教授。有這樣的父親做表率，魏達成教授自然也非等閒之輩，在張耀仁心目中，魏達成教授的手術功力就是臺灣外科史上一篇令人驚豔的燦爛篇章。欣賞魏達成教授的手術就如同欣賞一場具有工藝水平的表演藝術，而讓人回味無窮。

他形容魏達成教授是「天生好手」，天生就該吃這行飯的人。魏教授的手術行雲流水、簡潔流暢，整個過程乾淨俐落、條理分明，手術臺上也乾淨整齊、器具井然有序，可以用賞心悅目來形容。張耀仁說，魏教授連止血鉗夾的方向、器械擺放的位置、手部的姿勢都嚴格要求，傷口縫合的方向深淺也盡善盡美，一針一線都不馬虎。手術完成，將病人推出手術房前，魏教授還要求將病人的床單被褥都拉直整齊，雙足絕不可露出，才可以出門見人。他進行手術的態度就像在製作一座完美的藝術品，要求以最好的樣貌呈現給大眾。

張耀仁在描述這些細節時，臉上充滿光彩，不時流露孺慕之情，可以想像觀賞這種高水平精緻化的手術是多麼大的享受！張耀仁強調，「這些都是外科醫師最嚴格的基本功，魏教授則已達到出神入化之境界。」幾十年過去了，張耀仁依然無法忘懷老師所留給他的那份真切的感動，而對魏教授寄予無限之崇敬。

毫無疑問的，以如此嚴謹的態度進行手術，最後病人當然都康復得非常好。相對於一些不講究細節的外科醫師，開刀程序混亂、刀具亂放，病人的體腔內一片血肉模糊，到最後這些病人的預後自然也都不太好，而經常容易感染或有併發症的出現。新聞裡那些把刀具留在病人體內的，大概就是這類人吧！也唯有見識過了最完美的手術，才知道粗糙的手術對病人會留下多少傷害，令人不忍卒睹，而這也就是一位好老師對學生最重要的身教吧！

張耀仁說，魏教授不僅手術功夫一流，連手術完成圖都繪製得非常乾淨清楚，這位老師是名完美主義者，令學生們佩服得五體投地。由於魏達成教授的手術太過於出名，口耳相傳下，學生們都爭相觀摩，每逢魏教授手術，手術臺旁就排了三重圍觀的學生，排在最後面的年輕醫師甚至直接爬到椅子上去欣賞，誰也捨不得錯過這場精彩的演出。也有的學生是邊看邊錄影，希望將這些完美的手術過程留下來，作為終生學習的範本。

令人遺憾的是，任誰也沒想到，就在魏達成教授年近五十歲時，竟然在手術臺上因中風而倒下。當時，張耀仁正是他的第一副手，只能馬上接過刀來繼續完成手術。經過學生子弟們的即時搶救，魏教授的性命雖然保住了，卻再也無法開刀了。「那些完美的手術表演也就此成為絕響，令人惋嘆！」張耀仁嘆息地說。

值得張耀仁安慰的是，在魏教授離開手術臺多年以後，曾有一次與他一起海外開會的機會，那一次魏教授向海外教授介紹：「這是我的學生，他的手術技術很好！」我們幾乎可以想像年輕的張耀仁，當時兩眼發光，整個人喜出望外的表情！能得到一位令歷屆學生崇拜的名師稱讚，是多麼大的肯定呢！而這個正字標記，也確實永遠刻在這名年輕學子的心底，督促著張耀仁不可辱沒師恩啊！

李治學教授　肝臟移植權威

李治學教授是臺大醫院肝癌以及移植的權威，這位老師留給張耀仁的教誨，就是老師很喜歡引用十九世紀一位英國外科醫師庫柏（Astley Paston Cooper）的名句送給學生，這句話是"**A surgeon must have an eagle's eye, a lady's hand and a lion's heart.**"意指外科醫師必須要有銳利的眼光、溫柔精巧的雙手，以及充滿決斷力的心。這句話迄今都是他的座右銘，作為對自我的提醒。

李治學教授是林天祐老師的嫡傳弟子，也繼承了師祖手術快速的風格，他的個性很霸氣，治療的判斷很精準，也嚴格要求外科醫師的學理與研究必須與日俱進。張耀仁說，李教授在代理臺大醫院外科科主任一年後，遺憾因主動脈瘤破裂導致行動不便，而無法順利接任科主任位置。這場病同樣迫使李教授離開手術臺而專心於教職，日後他也成為花蓮慈院的指導教授，在他生命的最後幾年也造福慈院的一些學生。

陳秋江教授、陳維昭教授　小兒外科權威

說起陳秋江老師，張耀仁表示，他可是大老級的人物。這位老師是小兒外科權威，孩子們形體嬌小，身心脆弱，所以他動手術也極為精巧細緻，絕不粗魯。他總是告誡學生，手術也是一種傷害，所以沒有必要絕對不要輕易對病人施行手術。這是一位有反省力的外科醫師的真心話，令日後體悟到手術不是萬靈丹的張耀仁玩味再三。

另外一位亦是小兒外科專家的老師，是曾任臺灣大學校長的陳維昭教授。陳維昭教授實際主持及照顧忠仁忠義連體嬰分割而蜚聞國際。陳教授總是叮嚀學生，小孩不是大人的縮小版，他們有自己的特殊之處，不論開刀、治療或照顧等各個方面皆應有所不同。要將每位病人視為獨立的個體，而不能一視同仁，是這位老師傳承給學生的理念，張耀仁銘記在心，不敢或忘。

廖廣義教授　殘而不廢的偉大典範

廖廣義教授是內分泌外科專家，也是治療甲狀腺疾病的權威。這位老師不但精通內分泌科，對營養學也很專精，他常提醒學生，照顧病人不能只重

視開刀，術後的照顧，包含營養也很重要，這個觀念在外科醫師裡算是較為特殊的一環。廖廣義教授對學生極為關照，令學生如蒙受父親般的關懷而備感溫馨。

令人遺憾的是，在一九九二年，廖廣義教授五十二歲那一年，接受臺大醫院外派擔任署立桃園醫院院長，就在他去署立花蓮醫院進行山地義診時，竟然在清水斷崖遭落石擊中而生命垂危。在搶救的過程裡，輸血量高達三萬八千西西，休克長達八小時，一度引發多重器官衰竭與腦萎縮。所幸當時花蓮慈院有不少廖教授的子弟兵，大家輪番上場搶救，才留住老師的性命。

在治療廖教授的數年光陰裡，前後動用的臺大、慈濟、榮總、三總等醫院的醫護人員高達百餘名，好不容易老師慢慢康復起來。張耀仁回憶，在事發的第一時間裡，他也是參與搶救老師的其中一名醫師。這個意外改變了老師的人生，也造成臺灣外科界的損失，老師從此無法再站上手術臺了。

所幸，廖教授愛好運動，身體非常強壯，在精神上也是一名堅強的巨人，他雖因此重殘，必須依賴輪椅度日，咬字也不清，甚至與病人交談，都需要仰賴翻譯，但他的頭腦卻絲毫未曾受損，且充滿鬥志。他持續門診，並經常坐在輪椅上指導學生手術，繼續將他的專業貢獻給社會，造福許多病患。

廖教授這段特殊的經歷，讓他特別能體悟病人之苦，後來他還因此撰寫了《我的生命奮鬥歷程——談重大創傷之診治》一書，依照自己死裡逃生的經歷，對傳統醫學的臨床治療方法提出諸多修正建議。廖教授這種殘而不廢的表現，看在學生眼裡，他豈止是外科醫師的專業老師，更是漫漫人生路的精神導師，而足以作為學生後輩們的學習典範。

師徒制的美好傳承

張耀仁說，外科崇尚「師徒制」，亦即沒有老師一步一腳印的帶領，就沒有日後成長茁壯的學生。張耀仁非常慶幸他在臺大有前面提到的好幾位良師的教導，目前臺北慈院一般外科亦有之前在臺大醫學院任教的游憲章教授擔任指導老師，希望能孕育出優秀的外科新生代。張耀仁強調，手術臺上的本事絕不可能靠讀書而來，老師教功夫的過程也絕不能留一手。許多優秀的老師，碰到第一次執手術刀的學生太緊張，甚至會拉著學生的手，帶著他一起劃下人生的第一刀。在這個過程裡，老師會教導學生如何掌握刀具的力道、綁線的方法、打結的訣竅，進而在一針一線、一刀一鉗的反覆練習裡奠定自己的專業。

外科是仰賴「實作」才能培養的專業，而實作則奠基在前人的指導之下才能起步，所以張耀仁以為，這種師生情誼絕不等同於其他的科別，而更具有濃厚的傳承意味。也因此，學生可以跟不同的老師學習到不同的技巧，部分學生若受老師影響深遠，甚至會連老師的手術習性都一起繼承下來，而形成這一門獨特的風格。當年臺大外科有太多的明星型教授，年輕學子各有師承，同門師兄弟之間的感情也特別濃厚，而讓張耀仁益發地懷念起來。

感謝日本老師的協助

除了臺灣老師的指導令張耀仁沒齒難忘，在他的人生裡，日本的老師對他的影響也舉足輕重。日本滋賀醫科大學的小澤和惠教授，在研究上的敬業與做人處事的謙卑，於前面第二章裡皆已盡述，張耀仁特別想追述的是他的另外兩位小老師。

這兩位小老師是張耀仁實驗團隊裡的成員，分別是寺田泰二老師與岩田辰吾老師。寺田泰二目前是京都桂病院的呼吸外科所長，而岩田辰吾則是醫仁會武田綜合病院的外科代理部長，特別專精於減肥手術。

這兩位小老師的出現與日本的民族性有關。日本人不鼓勵標新立異的個人表現，而更重視團隊研究的成果，所以當時小澤和惠教授也依循慣例，安排了兩位研究人員與張耀仁一起工作。寺田泰二與岩田辰吾與張耀仁的年齡相仿，皆畢業於治學嚴謹的京都大學，他們是小澤和惠的入門弟子，所以當小澤和惠退休轉校時，他們倆就跟著一起過來了。

張耀仁說，京大醫學院在關西首屈一指，長年以來，一直與東京大學處於互別苗頭的狀態，可以想見這兩位小老師的素質也非常高。他們倆不但頭腦好，基礎訓練紮實，做學問的態度也非常勤勉，經常與張耀仁一起苦戰到半夜三更。他們的實驗步調很快，經過密集性地進展後，很快就有了漂亮的成績單，而到達可以發表實驗成果的階段。張耀仁說，那一次他首度感受到團隊的力量竟然如此的強大啊！

他們的研究主題是有關於「肝切除後肝臟粒腺體之變化」的基礎研究，

文章在一線期刊露出後，迴響很好，立即出現了後續的詢問與討論，之後他又再接再厲發表了幾篇文章，很快就在四年內通過筆試與口試，而取得博士學位。一路走來，他除了感謝小澤和惠，也由衷地感謝團隊裡的另外兩位研究夥伴寺田泰二與岩田辰吾。就是在這三位老師的照顧督促之下，張耀仁攻讀博士之路才會如此順遂啊！

勉勵自己從事學術研究

在張耀仁的理想裡，一名優秀的外科醫師最好能在臨床、教學、研究三方面並駕齊驅，他承認一名外科醫師，泰半的時間都在手術房，要指望外科醫師還要有傑出的學術研究，實在不是一件容易的事。但誠如他歷經了日本滋賀醫科大學的洗禮，深深明白學術研究之於臨床的重要性，所以他還是勉勵自己投入研究工作。

他在第二次返回花蓮慈院時，在林欣榮院長推動下，曾參與慈大副研發長韓鴻志教授、慈大實驗室孫立易博士的研究團隊一起進行「幹細胞治療研究」。這個研究是利用幹細胞治療肝臟的損傷，他們以老鼠進行動物實驗，並分別於二〇〇九、二〇一三、二〇一四年，在著名的醫學期刊上發表研究成果。這些動物實驗傑出的成果，也促成了後來幹細胞治療肝臟損傷的臨床實驗。臺灣目前已通過細胞治療的特管法，不久的將來應可預期這類治療將會應用在一些病人身上。

站上講臺已逾三十年

作為學生，張耀仁的表現毫無疑問非常出色，而作為老師，他的起步也非常早。因臺大醫院係屬於醫學中心，舉凡有心在此體系裡發展者，皆必須具備教職身分。也因此，張耀仁未雨綢繆，在擔任總醫師的階段就為此預作準備了。

他依照慣例發表了學術論文，並請廖廣義教授擔任指導，所以年紀輕輕的張耀仁在三十四歲即已取得講師資格，成為臺大醫學院的兼任講師。讓他真正第一次站上講臺的是成大醫學院，時間在一九八七年，教授的課程是「外科學」。從彼時起，張耀仁的教學之路就一路延續下來，至今已達三十年之久。

僅僅在成大醫學院，張耀仁的教齡即超過十年；在擔任花蓮慈院副院長後，又在慈濟大學醫學系負責多門課程，綜合起來，他站在講臺上的授課內容，包含了「外科學」、「外科概論」、「腹部急症」、「外科發展史」、「胃癌手術治療」、「乳癌手術」等，同時也在臺大醫學院兼任「消化外科實習課程」達十餘年時間。這些豐富的教學經驗，率皆成為張耀仁人生裡的一部分，讓他津津樂道。

不同學校的學生風格不同

提起醫學院的學生，他形容臺大的學生最聰明，也因為太聰明，學習的態度反而未必最佳，他們有自己的想法，不太理會別人的觀點，而且上課經常玩手機，不一定專心，但考試前只要好好抱佛腳，都能有不錯的成績。相較起來，慈大的學生最乖，最守秩序，學習態度最認真。至於成大，都是學士後醫科的學生，他們的年紀較大，有些人同時還在上班，時間有限，以致他們的表現最為務實。他們懂得抓重點學習，也在意考試題目的方向，對老師的態度則帶點社會人士的圓融，連上課都會替老師備妥飲料，而讓老師備受禮遇。張耀仁又說，在成大與慈大，同學們的讀書方式很合作，上課筆記都有專人負責抄錄，事後再大家共享，但臺大的學生從來不走團隊路線，都是自行負責。

張耀仁嚴正地指出，醫師的職業是救人，對於攸關人命的專業學習，不宜靠聰明，讀書一定要下死功夫。尤其醫學的內容非常龐雜，又重視實務，而實務不是天馬行空的靈感，絕不可能不經過學習，天生就會。所以身為老師的他，對學生的態度是絕對的嚴格，必要時也會死當學生，以避免因今日對他們寬容，而造成他們來日犯錯。

好醫師要能不恥下問與事後反省

張耀仁坦承，醫學重在實用，可惜醫學教課書以外文為主，外文教科書上的知識，往往皆奠基於外國的資訊，而與臺灣的臨床有段距離。只要有種族、地區、生活習慣、年齡等不同，疾病型態的發展就不同，若再多加上臨床個案的情緒、家庭因素、其他疾病的干擾，病情就千變萬化了，所以書本上的知識永遠都不夠用。

作為一名老師，張耀仁的責任之一，即隨時隨地收集臺灣在地各種具代表性之個案，作為課堂上的補充教材。這個收集案例的作法也成為他看診的習慣，使得他幾乎永遠處於備課的狀態。他強調，現在的治療方法不斷與時俱進，作為老師的人需要隨時藉由筆記、拍照、錄影等各種方法累積教材。有了這些豐富的臨床實例，教書自然也就不是照本宣科了。他笑說，這些實務經驗永遠也教不完啊！

但即使如此，張耀仁依然申明，不管老師如何在課堂上補充資料，學生們依然可能遇到「例外」。他說，學醫就是一個不斷在「印證理論」，並進行「理論的實踐」的過程，但永遠還是會有不可預期的例外發生。這個時候，基本功的訓練就變得格外重要。一名好醫師只要基本功訓練得紮實，再加上長時間的經驗累積，儘管面對例外或遭遇突發狀況，也知道該如何處理。

面對例外的處置，在張耀仁看來，這關係到邏輯推理的訓練。也就是現在要如何處理？如此處理的步驟是根據什麼？醫師思考的層面越周全合理，病人就越安全，病情也會朝正向發展，而他相信這種能力絕對可以經由訓練而產生。

萬一碰到的問題真的比較棘手，或在新手醫師階段時，張耀仁對學生的叮嚀是，必須不恥下問，立即向前輩討教。他以為，「懂得請求協助」也是作為一名醫師非常重要的態度。他自己也曾在手術臺上呼請協助，有的是病況不屬於自己的專業，有的是病人突然大出血，一個人忙不過來，而他自己也同樣被別的醫師尋求協助過。他嚴肅地表示，手術臺上人命關天，醫師一定要懂得放下自己的顏面，救人第一。而互相協助的團隊意識，更是作為醫師的基本責任。

張耀仁又再次申明，對於「例外」，可不是處理完畢即了事，重要的是事後的反省與檢討。為何會發生意外？為何會有例外？作為一名外科醫師一定要將不可預期的突發狀況降至最低，才能保障病人的安全。

老師的責任，就是要訓練學生應變「例外」的能力，「這是一種責無旁貸的傳承！」張耀仁如是說。在教學醫院裡，他的身邊隨時都有學生，也因此他無時無刻都在扮演老師。而作為老師，身教更甚於言教，自己對病人的任何處置都可能成為週遭學生模仿的榜樣，他也因此自我提醒，對病人的任何舉措都既不可以違背常規，又要尋求新的治療方法，才足以成為學生學習的表率。

學醫一定要對人有興趣

張耀仁說，學醫與學習其他科系最大的差別之一，就是學醫的人一定要對人有興趣，因為治病的對象是人，除非將來準備擔任基礎醫學研究者，否則當醫師的人必須綜合考慮病人的各種因素，包含他的性格傾向、教育程度、經濟能力、情緒起伏、家庭背景等各種變數，才能對病人提供最適合的醫療模式，也就是所謂的全人醫療。

尤其外科，基本上就是一種手藝活，「師徒制」又來自於人的傳承，一旦成為入室弟子與門生，感情也就特別不一般了。所以當外科醫師若對人沒有興趣，不只是看診不適合，連學習也可能會受到影響。張耀仁強調，沒有人天生就會開刀，若沒有老師手把手的教導，即使具備了一大堆醫學知識，面對開腸剖腹也是沒輒的。而一位好學的外科醫師，通常也懂得把握機會從不同的前輩吸取不同的經驗，再發展出自己的風格。

醫學院是通科教育

一名醫師養成不易，張耀仁在受訪的過程裡反反覆覆地強調這句話，但到底有多麼不容易，一般人卻未必有概念。對於醫科學生的養成教育，張耀仁做了概略性描述。

張耀仁說，在傳統上，一至三年級的醫學生是集中訓練基礎教育；四至六年級則偏向臨床實務課程。例如，三年級開始學習人體正常的組織與構造；四年級偏重於人體的病理狀態，也就是疾病如何發生、身體如何損壞；四年級下學期則加入藥理學習；到五、六年級就著眼於臨床的診斷與治療了。

五、六年級的醫學生們也可稱作「見習醫師」（現在稱為實習醫學生）。在醫院裡，經常可以看到主治醫師的身後尾隨著一群學生，那就是實習醫學生。他們在現場跟著老師長見識，藉以瞭解各個科別的運作，同時也為來日選科預作準備。張耀仁說，這些「見習或實習醫學生」會到不同的門診跟診，若到婦產科，就試著聽聽胎音，看看孕婦不同週別的變化，如果老師一天要接生五個產婦，學生就旁觀三個，然後在老師監督下，試著幫忙接生另外兩個等等。通常，見習與實習醫學生會將所有的科別都輪過一圈，以對醫院的科別建立基本的概念。

從實習醫師修改為PGY訓練

大六的見實習結束以後，醫學生也正式從大學畢業。此時，他們即將跨入所謂的PGY1、PGY2「不分科住院醫師」階段。多數人或感疑惑，醫科理應就讀七年，為何縮減為六年了？張耀仁解釋，這是二〇一三年改制以後的作法，也就是將大學七年的醫科縮短為六年，然後再增加為期兩年的PGY1、PGY2訓練。亦即，將第七年級的實習醫師與畢業後為期一年的不分科住院醫師訓練合併為PGY1、PGY2。

一般人僅耳聞見習或實習，對PGY卻非常陌生。PGY即Post-graduated year，意指大學畢業後的通科訓練，亦即「不分科住院醫師」之實務訓練。這個改變源自於二〇〇三年所發生的SARS事件。在那場瘟疫裡，臺灣犧牲了一位年輕的住院醫師，事後檢討發現，雖然醫學生經過醫學院最後一年的實習，也取得了醫師執照，但他們實務訓練仍然不足，以至於他們並沒有能力獨立作業。張耀仁嘆息道，這位命喪SARS的年輕醫師就是替病人插管不成，在耗費一、兩個小時終於搞定以後，他自己也慘遭感染，而賠進一條寶貴的性命。這個打擊讓臺灣醫界決定參考日本制度進行修改，以強化不分科醫師的實戰訓練。

這個修正還有幾項好處，其一是提早讓醫學生在大六畢業時即取得醫師執照，而能在醫院從事醫療工作時擁有一個合法的身分。其二是，這些新鮮人可至各科再輪番操作一遍，以為來日的選科再行斟酌。PGY的年輕醫師雖已具醫師執照，也通過基礎臨床考試，但他們對臨床操作的經驗不足，在行醫的角色上依然是跟著學習的小醫師，也因此，主治醫師們對他們也不會放手，而需事事監督。

這個監督與教導的過程，會一直延續至第四、五年的住院醫師訓練結束，直到他們也升格為主治醫師方才停止。對於醫界而言，唯主治醫師才是真正獨當一面的醫者。也因此，對於新進醫師，老師不只是醫學院的教授而已，舉凡工作場域裡帶領過他們的前輩皆具備老師的身分了。

分科教育從住院醫師開始

一般人以為，醫師的分科是在大學就決定，其實醫學院的教育是通科教育，分科之事，是在學生即將成為住院醫師以前，先填寫志願，院方再依學業成績選人，分科才算定案下來。亦即，新手醫師是在結束PGY的通科訓練，準備進入長達五年的住院醫師階段時，學習方向才從通科轉為專科。

張耀仁表示，對一般外科醫師的專業訓練，花蓮慈院外科亦仿效臺大醫院外科，自定了一套流程。即R1要練習開盲腸、疝氣；R2需具備剖腹及縫合腸子的技術；R3要能摘除膽囊，處理結石；R4能切除局部的胃，並進行癌症手術，例如乳癌的淋巴切除手術等；到了R5的總醫師階段，則必須能進行切肝與全胃切除手術，同時開始鍛鍊微創手術之技能。張耀仁說，微創手術之所以被安排在最後一年，係因進行微創手術之前，一定要具備豐富的傳統手術經驗，才能操作微創手術的器械。同時，萬一微創手術失敗了，這名醫師也還要能拿得起傳統手術刀，具備為病人開胸剖腹的能力。

過五關斬六將，領取各種執照

訓練一名醫師不只時間漫長，在他們成熟的過程裡，國家也提供了各種檢測標準，以保證這些學子學有專長。張耀仁進一步說明，醫科學生的醫師國考分兩階段，大四結束必須通過第一階段的國考。這個階段測驗的是過去四年學習的基礎醫學學理的知識，例如解剖學、生化、藥學、公共衛生、病理學等。六年大學畢業後，再通過第二階段的國考，這時候檢測的是各科臨床的實用知識，包含診斷、治療與用藥等。參與第二階段的國考者，必須先通過第一階段的國考，唯兩者都通過者，才能取得「醫師執照」，並允許行醫。

由於人體太過於複雜，醫學的分工日趨精細，再加上理論與實務皆有學習之需要，所以在此行業裡，單擁有「醫師執照」還不足，醫學院學生還必須在五年的分科住院醫師結束後，再取得「大專科醫師執照」（例如內科、外科、放射科等）。在擔任主治醫師一、兩年後，又必須再通過一次專科執照」（例如大外科之下的心臟外科、消化外科、神經外科等）考試，才算建立了自己醫學專科之專長。

倘若這位醫師很努力，還專攻特定器官的移植，就必須攻取「移植醫師執照」，形同又增加了一項獨特的專業技能。張耀仁指出，雖然未必每位外科醫師皆具備器官移植執照，但起碼都要擁有次專科執照，才能在這個行業裡遊刃有餘。換言之，一名訓練有素的外科醫師，畢業後還必須過五關斬六將，通過非常多執照考試，而當他們考取次專科執照時，率皆三十歲有餘，實在也老大不小了。

對比其他的國家，美國的醫科教育是學士後醫科，也就是先讀大學四年外加醫科五年，歷經九年才完成；臺灣與日本是大學六年加上PGY兩年訓練，也要八年之久，時間皆非常漫長。所以，「培養一位醫師，真的非常不簡單啊！」張耀仁總結。

現代學子習醫之隱憂

從一名教授的立場看，培養一名醫師不容易，但現在醫學生與過去相較，有何差異呢？張耀仁擔心的是，現在的孩子取得資訊太容易了，輕易地就能利用網路或3C產品獲得需要的資訊，而忘記「病人才是自己最好的老師」。在其觀察裡，現在的年輕學子每天面對著機器，對人際互動沒有興趣，不懂得察言觀色，關懷病人，對人有著一段無形的距離，缺乏人與人之間直接互動的具體感。

依照他的經驗，只要重視臨床學習，醫師就可以快速的成長。相反的，倘若忽視與病人接觸的重要性，醫師就不易從病人的身上印證醫理，也無法掌握病人最新的病況，進行精準的醫療。張耀仁說，縱使到現在，醫院裡不同層級的醫師，甚至跨科別的醫師，都有例行的週會進行個案討論，這些會議可以幫助醫師從眾多案例獲知同一個疾病可能出現的各種不同的演變，進而參考其他醫師的處置方法。唯有累積的經驗越多，醫術才能跟著一起成長。

因此，張耀仁百般叮囑學子，對病人當視病如親，付出更多的關懷。對於開刀的決策，也需要將心比心，絕不進行非必要之手術，手術是一種破壞性的治療，自己在動手術前，一定會對病人分析開刀的利弊得失，開或不開的預後（註）可能會有哪些副作用？可能的經濟負荷有多大？如果換作是自己的家人，他會如何分析判斷以及做決定等等。同時，醫師最好能準備明確的數據資料，讓病人做決定時能有充分的參考資訊。當然，張耀仁也說，所有數字與比較分析都是相對的，而非絕對的，亦即數字代表的是一個治癒的機率而非絕對的擔保，這也是醫病關係裡雙方必須具備的共識。

對於病人的關懷，張耀仁又舉了一個親身經驗的實例。那是一位滿身刺青的病人，張耀仁在替他開刀縫合的過程裡，還努力地為對方拼圖，避免病人的刺青紋路走樣。結果開刀結束，這位病人對他感激不盡。良好的醫病關係必須建立在為對方設身處地著想之上。黑道中人講義氣，給予醫師的精神回報，也讓人印象深刻啊！

慈大值得學習的大體老師制度

在醫學教育上，張耀仁強調慈濟人文有其獨到之處。其中，最值得稱道的，就是面對「大體老師」的態度與執行方式。啟用大體老師的想法，是慈濟大學副校長曾國藩教授的建議，這個想法經慈濟人文的薰陶，慈大就在其主導下發展出現階段之操作模式，而非常值得其他醫學院參考。

在張耀仁那個年代，醫學生可以用來學習的大體十分有限，連資源最豐富的臺大醫院，住院醫師都被迫以流浪狗作為練功的犧牲品。然而慈大卻建立了「大體老師」制度，讓醫學生或需要為特殊手術進行演練的醫師，可以真實人體完成學習。

慈濟醫學院的第一位大體老師是住在彰化的林蕙敏。她在一九九一年得知乳癌復發轉移後，便表達了捐贈器官之意願，沒想到醫院的回應竟然是，癌症患者的器官皆已損壞而難以使用。這個回答讓林蕙敏頗為沮喪，湊巧此時，《慈濟月刊》刊登了一則慈濟大學醫學院成立，亟需遺體教導學生的報導，便興起她改作大體老師之想法。四年後，林蕙敏病重離世，如願捐出大體，並成為慈大的第一位大體老師。

林蕙敏的故事經證嚴法師開示宣揚後，感動了非常多人。在他老人家眼裡，一個至死都想助人的慈悲心是多麼令人動容的大愛呢！這絕對是人間菩薩「大捨」的最佳典範。當時，也逢癌末的曾南德立即見賢思齊，成為第二位捐贈者。之後，又有第三、第四、第五……更多位捐贈人，二十餘年過去了，迄今，大體老師已累積達數萬人之譜。這是一條源源不絕的慈悲之河，以大捨的精神灌溉著醫學之田。

大體老師分為三種

「大體老師」對於醫學的貢獻有三：第一是可作為大學醫科三年級「大體解剖學」課程使用；第二是可提供給大學醫科六年級與臨床醫師之「大體模擬手術」課程使用；第三則是讓病理醫師作為病理研究之用。

張耀仁指出，「大體解剖學」是醫學生進入醫學領域的門檻，在此之前，他們的學習都集中在通識教育或基礎課程部分，從這門課起，學生開始認識人體的構造，並在此基礎上學習各種疾病與醫療的知識。「大體模擬手術」則是讓學生到醫院實習以前，就具備在人體上操作各種「術式」的真實經驗，而不必以活生生的病人當作練習的白老鼠。這個做法也將使大體老師的剩餘價值發揮得淋漓盡致，讓看似無用之遺體展現實有大用的表現。至於病理解剖則是針對已過世者進行病理分析，也就是希望藉由病理研究找到一些有助於醫療的蛛絲馬跡，以讓未來相同疾病之病人可獲得救治。

張耀仁進一步解釋，大體模擬老師的課程又概分為三類，初級班是為醫學生安排的，目的在鍛鍊醫學生進行插管、氣切、中心血管導管植入、皮膚縫合等術式。中級班是為住院醫師安排的，重點在訓練切胃、切肝、切胰臟等術式。之後還有為主治醫師安排的特殊手術訓練，例如顱底手術，醫界也有為這類特殊手術進行的課程訓練，但這些課程皆已經很商業化，收費非常昂貴，動輒幾千美金，因為光是那一顆頭顱就所費不貲，但這些醫師若改向慈人中請與安排，因屬教學研究，並不需額外收費。

作為大體老師也是有標準的，為了尊重生命，慈濟一概婉謝自殺者的遺體捐贈。同時，不同課程所需要的遺體條件也各有不同。例如，進行過大型手術者就不適合做大體解剖課程的大體老師。張耀仁曾經有一位乳癌末期的病人，知道自己為時不久，為了順利成為大體解剖課程的大體老師，她甚至拒絕動手術。這位師姊是意志堅定的慈濟人，離世後，其家人也如其所願照常辦理了。

大體老師的防腐方法

值得一提的是慈濟大學對大體老師的尊重態度是從防腐方式就做起。對於擔任大體解剖課程的遺體，傳統防腐法是以大型水槽浸泡，但當同時有若干遺體一起浸泡時，漂浮的肉身即使被木板壓著，也難免會出現疊放之窘境。而且在使用前，又必須經過打撈與刷洗的過程，對大體老師實在不夠尊重。慈濟大學為此首開先例，改採乾式儲存方式，也就是從浸泡法改為「福馬林灌注法」，每位大體老師因此可獲得各自存放的空間而更受尊敬。

至於大體模擬手術課程使用的大體老師，採取的是「低溫氮氣急速冷凍法」，也就是將遺體直接急速冷凍到攝氏零下三十度，直至上課三天前，技術人員才取出回溫備用。授課設計的老師則會根據人體解凍之速度，精算在最恰當的時間選擇最合適的部分進行練習。為了充分運用大體，初中高級不同難度的手術都會一起排入，原則上手術的過程是從表至裡，逐日深入，其中心臟手術經常最為優先，顱底手術則排在最後。

慈濟大學模擬醫學中心主任曾國藩是生物解剖學專家，而非臨床醫師，所以當曾教授早年提出此構想時，當時仍在慈院外科的張耀仁理所當然成為諮詢與討論的對象，而曾教授所主導的就是大體模擬課程的部分。爾後張耀仁離開花蓮慈院，這門課程又經過修改發展，才演變為今日之狀態。回憶這段往事，在大體老師制度建立之初，他有幸為此具時代意義之制度貢獻自己的想法，並在日後親身擔任大體模擬手術的授課老師，實在與有榮焉啊！

「大體模擬手術」的課程授課老師是由許多不同專科的外科醫師一起分擔，而張耀仁一度就在這門課，負責為住院醫師們傳承消化道手術之經驗。亦因如此，張耀仁對灌注法與冷凍法的遺體狀況頗為熟悉。他說，其差別在於使用灌注法者較為耐久，使用整個學期也不會變壞。其皮膚組織較硬，色澤轉成黃褐色，與真實的人體差距較大，且其全身發散著一股濃厚的福馬林氣味，非常刺鼻。至於採用冷凍法的大體一經解凍，器官之變化與皮膚之彈性皆近似活體，張耀仁形容，其手感之接近度約高達九成，就類似解凍後的肉品，而他們與真實病人之別，在於開胸剖肚後不再流血也沒有體溫、心跳、呼吸等生理徵兆。以此法防腐的遺體自然不宜久存，必須在四日內即完成課程，並在第五日予以火化。

張耀仁表示，雖然現在也有以電腦模擬人體進行的手術演練，但終究不是真實的人體，遠不及大體模擬手術逼真。「大體模擬手術」課程在海外已行之有年，但將之納入正規課程者，慈濟大學則屬臺灣學府之首例。張耀仁說，設於花蓮慈大的「模擬醫學中心」在國際間享有極高知名度，也是臺灣各外科醫學會極力爭取參與的進階課程，歷年來亦吸引許多海外參訪者。這些參訪者最驚訝的是，即便他們自己的國家已備有大體模擬手術，也都在為大體的短缺而煩惱，臺灣的志願者卻絡繹不絕。這些捐贈者跨越了宗教界線，有佛教徒、基督教長老、天主教徒、無宗教信仰者，年紀最小的只有十四歲，最長者也高齡九十四，甚至於還有外國人。

慈大的大體老師絡繹不絕

為何臺灣可以擁有那麼多願意犧牲奉獻的大體老師呢？除了證嚴法師提出的「大捨無求」，引發慈濟人紛紛響應以外，張耀仁認為，慈濟大學對待大體老師的態度應是成就這件事情最重要的關鍵吧！

往昔，這些遺體經過一學期解剖，被肢解的遺體會收納在屍袋裡，然後交由技術人員以處理廢棄物的態度火化了事。遺體之於學生，就是學習的道具，而非曾經真實存在的某位個人。自從慈濟大學宣導禮敬大體老師以後，醫界對待大體老師的態度為之丕變。

無語良師的故事

這些大體老師被學生稱為「無語良師」，意指他們雖然不能言語，卻是醫學生習醫過程裡非常重要的恩師。一部製作於二〇一四年的微電影「白袍的試煉」，以慈濟大學醫學系學生連思涵的角度記錄了大三大體解剖課程啟用無語良師的完整過程。慈濟醫學院每學期的大體解剖課程會啟用十二位大體老師，每位老師由四至五名學生共同使用。為了表達對這些無語良師的感恩，學生在上課前，必須針對所分配到的無語良師進行家庭訪問，並將之製作成精彩的簡報，在大體啟用當日所舉行的「大體老師行誼典禮」上正式播放出來。那一日，所有無語良師的家屬亦會受邀參加，親身感受學生們的慎重其事。

在「白袍的試煉」影片裡，連思涵被分配到的無語良師是因乳癌過世的慈濟人楊金猜。當學生們在講臺上講述楊金猜生前的故事時，楊師姊的家人正在講臺下噙著淚水看著一張又一張的老照片，他們的母親彷若在這短短的數小時內又再度活了一次。她的兒子林俊杉對著鏡頭說，感謝這些學生「把媽媽的過去像幅畫般的呈現出來。」「母親過世多年了，不管她是不是腐爛的，我真的都很想再見見她一面。」家屬的思念溢於言表。

楊金猜當然沒有腐爛，她被防腐處理的很好，並被一縷乾乾淨淨的白布完整的包裹了起來。當啟用課程開始時，在一聲聲南無阿彌陀佛的誦念中，師父們擊磬魚貫入內，家屬們則尾隨其後一起走進來。十餘名慈濟師姊雙手合十地在教室的入口處迎接他們，學生們則戴著手套雙手合掌站立在解剖臺的兩側。當往生者被掀起覆被時，楊金猜的子女與學生們則跪下來頂禮膜拜。「老師生前很辛苦，怎麼這麼辛苦的人生，還懂得付出，到最後還付出了她的身體，真的非常感謝她！」連思涵語帶哽咽地說著。鏡頭又回到了楊金猜的兒子身上，「希望這些學生將來動刀的時候，能夠想到我媽媽，可以想到在進行家訪時我們曾經說的每一句話，這一念之間就可能改變許多事情。」這是無語良師暨家屬的期待。「我希望將來有心也有能力幫助別人，不要辜負老師。」這一個段落就暫停在連思涵泛紅著雙眼的回答上。

另外一部製作於二〇一三年的「無語良師」紀錄影片，記錄的是慈濟大學醫學系七年級學生的「大體模擬手術」課程。課堂上共八位大體老師，學生們畢恭畢敬地迎接了大體老師，然後再以極為恭敬的態度送走他們。

在手術完畢，醫學生們替老師縫合、著衣、入殮，學生雙手捧舉著大體老師入棺，並跟著慈濟師父完成誦念送靈的儀式。醫學生就與家屬一起扶靈出殯火化，替無語良師舉辦他們人生的謝幕儀式。最後還有「感恩追思典禮」、「骨灰入龕典禮」，大體老師的部分骨灰將永遠置放在慈濟大學大捨堂裡接受祭拜，其他的則讓家屬帶回家。

無語良師教導的不只是醫學

在「感恩追思典禮」上，一位七年級學生許庭瑋說，他很感謝這些大捨菩薩，容忍他們在自己身上畫下人生的第一刀，讓他們將來面對病人時，手不會再發抖，而更有信心與勇氣。此外，這些大體老師還教導他們卓越的生死觀。他說：「或許這件事國醫國考不會考，但是人生的考試一定會考，他非常謝謝大體老師及其他家屬讓他們在大學就學到這麼寶貴的一課！」另外一位同學林芝伊則在影片裡表示，家屬告訴她，作為大體老師的父親只有一個心願，就是「你將來要做一名好醫師」。她含著淚保證，「我一定會努力的！」

網路上類似的影片非常多，記錄的盡是無語良師的大愛，家屬對逝去的家人的思念，他們的淚水，甚至啜泣聲不斷在不同的片段裡出現，受惠的醫學生們則紅著眼眶深受感動。這是一場催淚的成年禮，不管是醫學的知識或是面對從醫的態度，慈濟醫學生都在這個過程裡獲得了成長。課堂上，老師無需再對學生進行更多的道德勸說，這些學子自然而然就開始思考生死，並體認醫師這個職業具有與生俱來的崇高使命感，而不能輕易辜負這些大體老師與家屬的期待，他們的醫德與醫術等於俱在這門課程裡一起獲得了提昇。

這些無語良師們的奉獻，不僅讓自己的臭皮囊在死後發揮了最大的價值，也因為這些儀軌，讓自己在後輩子孫的回憶裡留下一個值得驕傲與尊敬的句點，而家屬則可在思念與榮耀的心情中送走自己的家人。這是非常具有意義的醫學教育制度，讓犧牲者與受益者都同時收穫滿盈，彼此皆在感恩與期許、尊敬與大愛的正向能量裡跨入新的里程。

慈濟大學對待大體老師的態度，對臺灣的醫學教育產生極大的正面意義，而這也是慈濟教育體系「人文關懷」所發揮的影響力。張耀仁說，慈濟文化對醫師的養成教育功不可沒，除了大體老師制度以外，院方也安排新進人員到慈濟關懷戶的弱勢家庭進行家訪，甚至於打掃環境，這對於只將目光放在醫療上的天之驕子是非常特殊的經驗，而這個運作模式搭配了慈濟無所不在的志工體系，幫助新進醫師更理解所謂「全人醫療」的必要性，而將自己關心的範圍，從病人擴及家庭，甚至於社區，這對於培養醫學生的醫德，養成一位良醫，助益極大。

慈濟教育體系的公費生制度

慈濟的醫學教育還有一個特色，就是證嚴法師為了鼓勵醫學生畢業後留在偏鄉服務，慈大每年提供二十個名額的「醫科公費生」、慈濟科技大學每年也有一百個名額的「五年制護理科原住民公費生」，而且從一〇八學年度起，慈科大還再增加三十個名額的「五專護理科新住民公費生」，只要全臺各地的新住民子女，皆能免費報考。

所有的公費生皆享有學雜費、伙食費、住宿費、書籍費和制服費全免的福利，學校還提供在學期間的零用金，唯一的條件就是將來畢業以後，必須為慈濟體系的偏鄉醫院貢獻所長。而且，就算不具備原住民或新住民的身分，入學後，若在學業等各方面的表現吻合標準，也願意將來畢業後接受學校分發至偏鄉服務，亦可申請類似的全額獎學金。這也是慈濟教育體系與其他學校的差別所在，而值得大肆宣揚。

張耀仁很自豪地表示，不管是慈濟大學醫學系的學生，還是慈濟科技大學護理系的學生，國考的表現都遠遠超出全臺平均值，甚至名列全臺第一，這對於學校的老師或是犧牲自己的大體老師，都足堪慰藉啊！

做醫師對病人要一視同仁

作為一名醫師，張耀仁也提醒學生，對待病人就像老師對待學生一樣必須一視同仁。當外科醫師長達數十年間，張耀仁也遇見過形形色色的病人，例如在花蓮期間，他還治療過一名戴著手銬腳鐐的乳癌患者，那是花蓮監獄的女警送來的，這名女性看起來四十來歲，很強悍，犯的是殺人罪，但他從來也不敢問這位病人到底殺了什麼人。這位病人接受了開刀以及化療，康復得很好，後來也出獄了，甚至找到工作，現在仍固定回診。看來她經過疾病的歷練又回到社會的正常軌道，張耀仁則打心底為她高興。

照顧監獄病患的經驗，張耀仁還不只這一次。他也曾經拯救過一位在監獄裡吞電池自殺的病人，張耀仁費盡力氣動手術把病人救了回來，但病人好了送回大牢，卻被判處了死刑，最後被槍決了。當張耀仁在報端看到這則新聞時，心裡真是五味雜陳，雖然法律有法律的邏輯，但身為以救人為天職的醫師，面對此事依然感慨良多，彷彿自己白忙了一場而百般無奈啊！

也因病人的類型五花八門，張耀仁提醒學生，身為醫者一定要懂得保護自己。例如，醫師也會碰到想詐領保險金的病人，這些心懷不軌的人可能會強行要求醫師配合撰寫非事實的診斷證明書。在急診室裡，醫師尤其容易遇見嗑藥、喝醉而大吵大鬧的病人，這些病人有時甚且會對醫師叫囂，乃至於動粗。為醫者一定要懂得察言觀色，看到苗頭不對，就要依照SOP流程應變或充分利用監視器作為保護自己的工具。當然醫院目前對於保護醫療人員免於暴力，甚至傷害的威脅也愈來愈重視，也希望醫師能夠在安全無慮的環境制度之下發揮救人的天職。醫院就像一個無奇不有的萬花筒，呈現的是這個社會各個面向的縮影，其間的喜怒哀樂，不啻是後進體悟人生的最佳場域啊！

【註釋】

（註）預後：疾病預後是指疾病發生後，對疾病未來發展的病程和結局，如痊癒、復發、惡化、致殘、併發症和死亡等的預測。

第五章　乳癌權威談乳癌

張耀仁成為乳癌權威是隨著時間遞移與臨床上的需求而逐漸發展出來的。乳癌當初隸屬於一般外科，係因病人日漸繁多，遂獨立成科。張耀仁是一名用功的醫師，為了因應不斷增加的乳癌病人而不斷地吸收各種乳癌的專業新知，時間久了，水到渠成，便在這個領域裡成就了他的次專科。在慈濟團體裡，女性成員其實佔了多數，乳癌的威脅與治療也使得張耀仁經常成為主要諮詢的對象，最後其乳癌病人甚至還超越其消化外科的病人數量，而使治療乳癌成為張耀仁最專精的領域。

乳癌成因尚未釐清

談起乳癌，張耀仁侃侃而談，像江河奔流一瀉千里。就在數週前，他才回靜思精舍向證嚴法師報告，又有兩位資深師姊罹患了此症。張耀仁指出，確實有些患病的師姊對此憤憤不平，她們自認生活規律、平日也是吃齋念佛的，為何仍逃脫不了病魔的掌心。對於病人的疑問，張耀仁也無力回答，在他看來，癌症的真正成因迄今仍隱匿在潘朵拉的盒子裡，醫學研究尚有努力的空間。

目前可以知道的是，遺傳因素雖然存在，據估計僅佔一至二成，真正影響力佔比較高的卻可能是環境、飲食、輻射線，甚至心情等後天因素，但它們的影響力究竟高至何等地步，是直接的成因，還只是觸媒，或僅是眾多因素裡的一環，皆有待釐清。副總統陳建仁為國際知名的流行病學家，也是公衛博士，他曾針對塑化劑進行研究，提出塑化劑可能是造成乳癌的環境荷爾蒙的說法。一些代謝較差之女性，若經常接觸塑化劑，罹患乳癌的機率即為之倍增。然而這些研究亦僅停留於動物實驗階段，而尚未在人體實驗上獲得證實。

乳癌與飲食的關係，慈院曾以四百六十九位病人為研究對象，進行「乳癌與素食」的相關研究，並由張耀仁擔任研究的主持人。在這項研究裡，有二百三十三位樣本是乳癌病人，另有二百三十六位年紀相仿的其他女病人是對照組，而飲食分類則以營養學會提出的五種飲食型態為基準。其研究結果是，茹素並無法預防罹癌，但肉食者確實比素食者的罹癌率高二點二倍；精緻飲食者則比素食者的罹癌率高一點四九倍。換言之，結論是：素食雖不保證不罹癌，但確實能比雜食者更遠離乳癌。這份研究成果刊登在二〇一七年的《MBC Public Health》期刊上。

有關於遺傳對乳癌之影響，雖不及各種後天的因素為大，然而，遺傳基因卻是已經確認的主因之一。張耀仁指出，不只是乳癌，許多癌症或先天性疾病，都可以從基因檢測裡找到答案。最著名的例子即國際巨星安潔莉娜裘莉。她經基因檢測得知擁有BRCA1基因突變。而具此基因突變者，研究顯示到八十五歲時，罹患乳癌的可能性高達百分之八十五；發生卵巢癌的機會是百分之四十至四十五；出現胰臟癌之風險則達百分之十至二十。由於安潔莉娜裘莉的母親在五十六歲時死於卵巢癌，在這層陰影下，讓她決定先行切除雙乳，防患於未然。而且這種決絕的態度持續至兩年後，她一不做二不休，又摘除了卵巢與輸卵管。

安潔莉娜裘莉表態後，張耀仁說，門診詢問相關問題的病人也多了起來，甚至也有人效法她，一邊罹癌，就將另外一邊也預防性地切除。事後她們也都學安潔莉娜裘莉，再進行雙乳重建。重建之乳房是人工的，外型上還比原來的更美。站在外科醫師的立場上，只要病人日後能不為游泳、泡湯或穿衣服而有所不便，或能因此而排除少了顆乳房不夠完整的心裡疙瘩，他皆樂見其成。

張耀仁以為，外科醫師的功能重在治療而非預防，亦即對乳癌病人進行大範圍的切除是否真能預防乳癌？如此的窮追猛打是否有其必要性？乳癌治療的長期副作用對病人身心靈的影響又是什麼？可能都比仍蒙著一層朦朧面紗的乳癌成因，讓他更為關切。也因此，張耀仁奉勸乳癌病人，與其糾結在「為何是我」上，不如把這種情緒放下，趕快將焦點放在及時接受治療上吧！

乳癌的發現

張耀仁指出，對於乳癌的發現，一般人的概念都是摸到硬塊才趕快就醫。但他坦承，等摸到硬塊時，大概都已經成形而嫌晚了，所以最好能養成定期進行乳房攝影篩檢的習慣。

按理說，乳癌是從二十歲到九十歲女性皆可能發生之疾病，然而過度篩檢會造成政府沉重的財政負擔，而且人體承受過量的輻射線亦非好事，所以乳房篩檢一般僅集中於可能罹病之高峰期。因種族差異，美國罹患乳癌的高峰期在五十五至六十五歲左右，這項篩檢從四十歲就開始，每年檢測一次；而臺灣婦女罹患乳癌的高峰期在四十五至五十五歲，健保署針對四十五至六十九歲的女性，每兩年提供一次免費的乳房攝影檢測。張耀仁鼓勵在這個年齡層的女性，應為自己的健康著想，充分利用政府提供的這項免費檢查。他指出，隨著時代轉變，無論是臺灣或日本的乳癌病人的平均年齡均有逐漸後延，而更趨近於美國之現象。

張耀仁說，乳癌的主要篩檢工具之所以是X光攝影，而非超音波，是因為在原位癌階段，癌細胞會出現微細的鈣化現象，而X光攝影正好最適合捕捉這種鈣化表現。超音波適合的則是已經長出硬塊，摸得到腫瘤的乳癌病人，至此階段，超音波的診斷能力就超過乳房攝影了。所以在臨床上，也會出現乳房攝影正常，超音波檢測卻有問題的，這種案例很可能是乳癌的發展已越過原位癌階段，導致乳房攝影反而檢測不出來了。張耀仁表示，東方女性因為具有較高緻密性的乳房，在篩檢時，除了乳房攝影以外，可能還需要輔以超音波檢查，較能減少假陰性之比例。所以，縱使乳房攝影的過程讓乳房被二片玻璃片擠壓時可能感覺不同程度的疼痛，但因為時間很短暫，希望婦女同胞們還是要忍耐一下，絕不可因為怕疼，就跳過乳房攝影，僅做超音波檢測。

在初期的乳房篩檢上，超音波是輔助工具，乳房攝影才是主要工具。或者說無論是觸診、乳房攝影或是超音波檢測，皆有其不同之意義，任何一個結果不正常，皆要進一步檢查下去。同時，乳房或腋下若有不明原因的破口、硬塊、緊繃，只要感覺怪怪的，亦需立即就診，因為乳癌的侵犯範圍不只是胸部，連腋下的淋巴系統亦包含在內。

千萬不要諱疾忌醫

張耀仁在臨床上發現許多非常嚴重案例，腫瘤已經長到乳房外面還發出異味、流血、化膿才不得不來就醫。令人無法想像的是，這些病人當中還不乏高級知識分子。他說，這類病人多半生性害羞而保守，她們諱疾忌醫，因為不願意讓外人看到自己的乳房，就長久隱忍著極度不舒服。在採訪時，張耀仁從檔案資料裡找出一張傷口照片，螢幕上的乳房已經變形、潰爛、出血，長得像白色花椰菜的乳房帶著黏黏稠稠的汁液與血水而慘不忍睹，竟然病人能隱忍著將病勢拖延至這個地步才來就診。

張耀仁說，曾有位病人乳房都已經發臭了，搭乘大眾捷運系統，周圍的人就摀著口鼻走開，連家人都疑惑為何病人身上總是泛著一股腐肉味，才逼著她來就醫。不問可知，這類病人多半病勢已重，治癒的難度也提高了。

在乳癌的確診上，張耀仁說，過去習慣在乳房上動刀，直接在腫瘤上切取一小塊組織下來化驗，但新發展的作法是「粗針穿刺法」。不用動刀，直接用粗針取樣，幾乎沒有什麼傷口，準確度接近百分之百，是更進步的切片方式。確診後，若有需要，醫師還會安排核磁共振、正子攝影或骨骼掃描等檢測，了解癌細胞是否有進一步轉移。

乳癌的分期

病人一旦確診，第一個欲知的就是乳癌期數。而其劃分是依照癌細胞的分化情形、腫瘤的大小、癌細胞是否擴散至淋巴結或轉移他處等來判定。其中「原位癌」是最輕微的乳癌，張耀仁的比喻是，就像抓壞人，如果壞人都還待在房間裡，沒有外逃就能一網打盡的屬於零期「原位癌」。但若到達一期以上，即意味著已有部分壞人跑出房間上街去了，此時就被歸類為「侵襲癌」。萬一癌細胞已經擴散至淋巴結，就等於壞人已經逃上高速公路四處亂竄，就必須通令全國了。這也就是進行乳房切除手術時，會同步檢測淋巴結的原因。

張耀仁對於乳癌的分期，還做一個比喻，「有的壞人個頭雖大，頭腦卻很笨，而未必難對付，但個頭小的說不定很凶殘，反而難纏。」臨床上就曾發現，第三期乳癌病人在手術完畢後仍預後良好。後來發現，腫瘤的大小雖是癌症分期的重要依據，但癌細胞分化速度的快慢才是判讀之關鍵。決定癌細胞分化速度的一些組織特殊染色指標，包含了ER（雌激素受體反應）、PR（黃體素受體反應）、Her2（人類第二型生長因子受體反應）、Ki 67（細胞分裂增殖的生長指數，該指數愈低愈好）等，不同的指標具有不同的意義。這些指標組成了癌細胞的性格，決定了它們是溫和抑或凶殘的特質。

所以，乳癌分期，除了考量癌細胞的大小、淋巴結是否轉移以外，也必須將病理切片特殊染色結果一起納入考量，甚至於連「保乳手術」要做到什麼程度，這些數字都具有參考意義。若以最單純的方式分類，張耀仁表示，腫瘤大小在二公分以內，沒有擴散到淋巴者，屬於第一期；腫瘤在二至五公分者，或腫瘤在二公分以內，但淋巴遭癌細胞侵入者，屬於第二期；腫瘤在五公分以上或淋巴侵犯嚴重者則屬於第三期；若癌細胞已經出現遠端轉移（超出腋下淋巴結）或擴散至其他器官者，則是第四期。期數越高，癌細胞散布越廣，癌細胞分化的速度越快，情勢越險峻，治癒的機會也越低。

乳癌的種類

判讀乳癌細胞分型或分化速度有賴病理科醫師，他們會依癌細胞之特殊染色狀態將乳癌粗分為三種類型，即荷爾蒙陽性型、人類第二型生長因子過度反應型（亦稱Her2型）、三陰性型（基底型）等。其中的鑑別指標，正是前述之ER、PR、Her2、Ki 67等。例如，ER、PR反應陽性者，被歸屬為「荷爾蒙陽性」乳癌；如果Her2過度表現就是「人類第二型生長因子過度反應型」乳癌；若ER、PR、Her2皆屬陰性，就是「三陰性」乳癌。

「荷爾蒙陽性」的乳癌又分為管腔A型與B型兩種，這類乳癌最常見，幾乎佔了所有乳癌病人的六、七成以上；「人類第二型生長因子過度反應」型的乳癌約佔病人的兩成至兩成五；「三陰性」的乳癌最少，僅佔一成至一成五左右。其中，荷爾蒙陽性的病人癌細胞分化較緩慢，預後最好；三陰性的病人則進展快速，預後最差。這些乳癌由於類型不同，療法各異。張耀仁堅稱，乳癌絕非僅是乳房生病而已，亦非只把乳房切除就沒事了，這是一個全身性的疾病，病人一定要透過各種不同的療法，才能將隱藏在身體某處的癌細胞予以摧毀。

乳癌手術的新觀念

在治療上，第一優先考量的通常是手術，但一如前面章節所言，現在也有先化療再手術的做法，其前後順序端視病人的個別狀況而定。先化療的好處是可以縮小腫瘤的大小，以致手術時可以提高保乳比例，讓女性的外觀受到最少的影響，同時亦可藉此檢測特定化療之效益，而具有其操作上之意義。

在手術上，也不是快刀斬亂麻，切得越多就越好，但只要乳房依然存在，就必然會搭配放射線治療（或稱電療）。只有全乳切除者，才會捨棄放療（腋下有淋巴轉移者例外），直接過渡到化療、標靶治療或荷爾蒙藥物治療的階段。

對於手術，張耀仁認為，往昔面對癌症的醫療態度都是趕盡殺絕，切除範圍要大要廣，只要是癌細胞可能蔓延的範圍，都將之切除，也因此患者的乳房經常皆全部切除；因為害怕轉移，亦將未感染的淋巴系統或胸部肌肉也一起拿掉，結果造成病人非常大的痛苦。失去淋巴系統，病人可能會產生嚴重的淋巴水腫，有些病人的手會腫成正常的三、四倍大，還伴有紅腫、發燒的各種後遺症，完全無法工作。為了將水擠壓回去，她們終生都必須使用彈性繃帶，並進行復健，而且那隻水腫的手也無法打針、量血壓與提重物，連做家事都受到影響，生活品質非常不好。而少了胸部肌肉的女性，胸廓會畸形，身體不平衡的結果導致連走路都歪歪的。最令人遺憾的是，後來許多追蹤研究發現一些嚴厲的治療並無濟於事，癌細胞照樣會復發或轉移，病人卻飽受折磨。

隨著治療乳癌的經驗越來越豐富，各國經過臨床證實，療效最佳的是僅對乳房進行局部切除手術，再搭配完整放療。由於乳房是女性的第二性徵，動輒切除乳房，對女性的心理不啻是另一種傷害，所以現今對乳癌手術的態度是，除非病勢嚴重另當別論，否則對於初期的乳癌病人應儘量採取保乳手術，不再任意切除全乳了。

荷爾蒙陽性反應型的術後治療

手術之後的治療，又分為化療、放療與荷爾蒙治療。張耀仁說，幾乎所有類型的乳癌病人多少都受點女性荷爾蒙的影響，其中「荷爾蒙陽性」反應者影響更鉅，所以這類病人在例行手術或其他化放療以外，會進行長期的荷爾蒙藥物治療。張耀仁透露，過往荷爾蒙藥物的治療為期五年，然經長期追蹤發現，這一類型的病人有晚期復發之跡象，例如在術後十至二十年間又突然復發，所以最新的治療觀念是將荷爾蒙藥物延長至七、八年，甚至十年。也有的醫師主張對於三期以上的乳癌病人，或是淋巴結被癌細胞侵入達四顆以上者，可以考慮終生服用。這些決定最後則端視主治醫師之經驗暨其個人看法而所有不同。

在現行治療上，最主要的荷爾蒙藥物就是「泰莫西芬」（Tamoxifen）。該藥物已是在臨床使用長達二、三十年的老藥物，副作用相對溫和。例如，使用者可能有經期混亂、白帶增加、熱潮紅、失眠、體胖、脂肪肝等問題。對於停經前的女性，少部分使用者會出現子宮內膜增生，也因此，張耀仁建議使用者必須每年定期至婦產科做超音波檢查。若真的發生子宮內膜增生問題，他補充道，只要保持在十釐米（10 mm）以內皆可，超過十釐米即有發展成惡性癌症之可能，雖然臨床上發生此狀況的比例很低，仍須多加留意。

泰莫西芬也可以用於停經後的乳癌病人，但此類病人最常使用的荷爾蒙藥物是「芳香環轉化酶抑制劑」（AI），其效果甚至比泰莫西芬更好。該藥物沒有刺激子宮內膜增生之困擾，卻易造成使用者肌肉骨頭的不適感。不過，在張耀仁的經驗裡，部分病人只要熬過頭兩、三個月的不適應期，嗣後便自行緩解了。該藥的另外一項缺點是會促進骨質疏鬆，所以使用者最好能搭配鈣片保健，平日則要多曝晒陽光，並加強運動。

Her2型與三陰性的術後治療

對於「人類表皮第二型生長因子過度反應」型的治療方法，主要是以化療搭配標靶治療，著名的「賀癌平」就是專門針對這類病人的第一線標靶用藥。張耀仁說，從臨床經驗數據顯示，這類病人若只單純進行化療，預後不佳，一定要搭配標靶治療，效果才好。現在又發展出二線，甚至三線的標靶藥物，可以讓這類型的乳癌病人又多了治療上的有力武器。

至於「三陰性」乳癌，其病人為數最少，病情進展卻最快，預後也最差。其原因是這類乳癌在醫學研究上迄今未有最適合的治療藥物，也沒有標靶可以運用，唯一的辦法就是使用所有乳癌病人一體適用的化療與放療。可惜因針對性不足，效果也不夠彰顯。

張耀仁說，其實三陰性的乳癌又細分為六種，亦非每一種三陰性的乳癌都生性刁鑽、難以整治，其中也有兩種三陰性癌細胞是願意對化療「俯首稱臣」的，所以病人不需要太過於悲觀。尤其醫學研究一直往前邁進，作為領頭羊的美國每年投入大量的人力與資金與三陰性乳癌搏鬥，就其所知，已經有三陰性的藥物在進行第二期的人體試驗了，前景可期。

倘若化療對三陰性乳癌的效果不佳，病人是否還是非要進行化療不可，其實也具有討論空間。張耀仁表示，每個醫師的觀念或有差異而具有不同的標準，慈院的標準是，三陰性乳癌病人的腫瘤若未超過零點五公分，屬於病勢較輕的，或可省略殺傷力強大的化療。至於較嚴重的乳癌，目前也可考慮利用基因檢測等方式來評估是否採用新一代藥物的治療，不過，這類治療的缺點是，目前仍需由病人自行承擔龐大的醫療費用。

乳癌患者秀姑：遇見一位慈父般的好醫師！

秀姑（化名）是馬來西亞分會的慈濟人，去年到臺灣參加活動時，突然乳房疼痛，就診才知道是乳癌第三期。她說自己在馬來西亞也看過醫師，但對方卻說沒事，她心裡一直抱著疑慮，打算趁來臺灣期間就診，沒想到還沒來得及看醫師，癌細胞就先行發作了。

她在臺灣有兩個就讀慈科大的女兒，別無其他親人，為了順利治病，她被迫留在花蓮大半年，以便讓女兒能就近照顧。幸好女兒的恩師、慈科大人文室主任謝麗華老師在此緊迫時刻發揮愛心，讓出自己的家裡供秀姑暫居，這位病人才有了一個可以長期落腳安心治病的地方。張耀仁提供的建議是，先化療再安排手術，後來手術迫在眉睫，張耀仁又必須配合病人只能在花蓮手術，這位仁醫也二話不說，立刻趕來花蓮替她開刀。開刀前，這位主治大夫特別走到她的跟前，為她加油打氣，給了她很大的力量！開刀後，張耀仁又將之委託給慈院在地的醫師照顧，每個月再往返花蓮為她看診。秀姑是後來才知道的，原來自己開刀那一天，根本不是張耀仁返回花蓮看診的日子，這位醫師是自掏腰包搭火車來的。秀姑說，她與張醫師素昧平生，與謝老師也不熟稔，但他們倆卻在她最徬徨的關鍵時刻伸出援手，讓她感動不已！

張耀仁對待病人的態度非常親切，秀姑需要一份馬來西亞的健保診斷書，張耀仁立即替她填妥，毫不耽擱。他知道秀姑除了有兩個大孩子在臺灣讀書，還有兩個年紀較小的孩子待在馬來西亞，其中最小的也才十一歲，這位醫師竟會擔心究竟誰來照顧他們呢？秀姑是個不善言辭的女性，面對採訪，含蓄而羞澀，最後寧可選擇筆述作為補充。在她的文字裡有這麼一段：「張副的用心和耐心讓我的心踏實多了，每次見到張副，張副都會給我很大的鼓勵與支持……。張副有時會關心我的家庭和孩子們，所以我覺得張副很像一位和藹可親的老爸……。」

秀姑的描述很精準，這位像爸爸般的醫師確實以慈父般悲天憫人的態度照顧著他的病人，以慈父般堅強有力的肩膀支持著他的下屬，以慈父般不厭其煩的精神教育著他的學生。醫院體系裡如果能多一點像張耀仁這樣的爸爸，臺灣的醫療品質肯定會更為美好了！

乳癌患者慧姨：感謝良醫，從來沒讓我痛過！

慈濟師姊慧姨（化名）在二〇〇六年發現自己生病，當時她在雙乳間發現了一個小肉瘤，經穿刺檢查才知道是乳癌二期。訪談的過程，這位師姊一直都談笑風生的，她起頭先感謝張耀仁這位救命恩人，然後感恩他讓自己在整個治療過程裡，「從來沒有痛過，也沒有為這件事煩惱過，連開刀的傷口都縫得很美！」

慧姨的個性很樂觀，為了避免化療落髮，就先行剃髮，然後再配戴一頂帽子熬過化療階段。在後續的治療期間，她照樣做環保，如常參加慈濟活動，每天過得開開心心的。她以為，身為慈濟志工，見過形形色色的人，知道世間各種疾苦，一切就看開放下。到現在為止，已經七十歲的她都是慈院志工，經常在不同的部門裡穿梭，忙著傳送資料、陪病人聊天、為醫師送便當。也因為大家都看她恢復得很好，無形中成為張耀仁的活廣告，而替這位乳癌權威招來不少病人。

張耀仁在描述這位病人時，很心疼地說，師姊有一個非常疼愛關心她的丈夫，但料想不到的後來竟然是師兄先走一步。說起這件事，慧姨傷感起來，她說，自己絲毫未受生病所影響，反而是家裡的師兄因疼惜妻子整天愁眉苦臉的，之後師兄罹患了肝硬化，又進行了心導管手術，最終因心血管疾病而倉促離世。慧姨做志工時，偶爾也會走到師兄以前的病房，她便忍不住痛哭起來。這位充滿陽光的師姊說：「我也需要發洩一下啊！」但發洩完畢，她就又精神抖擻了起來。她現在的生活圈就是繞著慈濟打轉，她要負責收功德款、去靜思堂打掃福田、在醫院當志工、偶爾參與救災，每天則固定誦經半小時、散步一個多小時、儘量茹素，同時也泡泡茶、燒燒香，過著簡單平靜的日子。她說，自己父母已經不在，師兄也走了，身邊最親的就是慈濟法親，這些慈濟人幾乎就是她最主要的社交圈與朋友圈。所以，請教她抗癌祕訣，她笑說，首先要擁有一位像張耀仁這樣的良醫，其次便是以「慈濟生活」抗癌吧！

乳癌病人云姊：一位給病人正能量的仁醫

云姊（化名）是一名家在大陸的臺商，也是慈濟北京聯絡點的負責人之一，亦是張耀仁的乳癌病人。她在二〇〇三年回花蓮靜思精舍參訪，湊巧摸到乳房腫瘤，就在精舍師父的安排下結識了張耀仁。

當時的云姊只有四十一歲，還算年輕。張耀仁很體貼，知道年輕的女人在意身材，罹患了這種病可謂打擊不輕，所以儘管她已經乳癌三期了，醫師最終的決定還是在搭配化療與電療之下進行局部切除。她說，自己認識的其他第三期乳癌病友，幾乎都是全部切除的，鮮少人能夠保乳，對於此，她真是心生感激。

在治療的過程裡，她很感恩這位主治醫師總為他帶來正能量。例如，化療時，他會說：「你還年輕，條件好，一定扛得過去的！」「乳癌的治癒率高達九成，你一定可以恢復得很好！」因為云姊是在獨自返臺期間意外發現生病的，又迅速在確診的次日就進開刀房，所以手術時，連先生都不在身邊。張耀仁又讚美她了：「妳真勇敢啊！」這位病人就在主治醫師不斷地鼓勵下慢慢康復了起來。

云姊也注意到，這位醫師對病人非常尊重，問診時給病人的時間都很充足，也很有耐性地回答所有的問題。碰到能替病人省錢的，他也絕不鼓勵病人多花錢。這位好醫師會就現況進行分析，然後再選擇一個對病人最好的治療方法。例如，當時她已耳聞免疫治療，但張耀仁告訴她，昂貴的免疫療法仍在實驗中，療效未定，何不選擇已經確認效果不錯，價格又不貴的藥呢？她因此放下對免疫療法的懸念。事實證明，張耀仁的決定是對的，她恢復得很好。

云姊與張耀仁的緣分，不止於醫病關係而已。她是慈濟在大陸華北地區的重要幹部，二〇一四年底，慈濟分會在河北舉辦冬令發放，主辦人之一就是云姊。這次活動，張耀仁也受邀參加，云姊因此有機會看到他的另外一面。她形容這位仁醫平易近人、謙虛、不張揚，完全不會因為自己是副院長而擺任何架子，也沒有特別的要求，就是一個單純的人。

張耀仁則特別讚許云姊面對疾病的態度極為堅強。因為云姊前後經歷了兩次的轉移復發，也都再度接受手術、化療，以及電療，所幸她的乳癌為管腔A型，屬於腫瘤分化較為良好的一型，處理起來並不棘手。令張耀仁印象深刻的是，即使復發了兩次，云姊也沒有崩潰，她勇敢地面對每一次的挑戰，而且完全遵照醫師的建議和指示，才換來目前疾病控制良好的結果。

對於自己的勇敢與堅強，她的回應是，自己在這場疾病裡成長不少，初發現生病時，為了後續治療，她曾在精舍附近租屋，獨居了六、七個月之久。在此期間，云姊經常至精舍走動，她後來發現，原來生病成就了她與師父們的因緣，她可以因此更親近證嚴法師，獲得更多的開示，也因此對慈濟有了更多的了解，更明白生命無常，而更能實踐「把握當下」的人生至理。云姊從此學會以不抱怨的態度看待這些遭遇，而能心平氣和地接受生命裡的一切安排。「生命的意義不在長短，而在深度與廣度，自己是因病得福。」

她說，云姊能以如此豁然超脫的態度面對人生，難怪會贏得張耀仁的另眼相看！

第六章　乳癌權威的衛教須知

提起乳癌病人，張耀仁心中有一些隱藏已久也無法忘懷的遺憾，其中一位讓張耀仁深深嘆了一口氣。曾經有一名南部的年輕女性北上來看張耀仁的門診，當時她的病勢已經很嚴重，癌細胞蔓延到胸部外面，腫瘤穿破了皮膚而呈現發臭流膿的狀態。張耀仁建議病人要盡快全面治療與安排手術。扼腕的是，她只來看了一次門診，就不見蹤影了。過了一段時日，她的哥哥找上門來，指責醫師治療不力，張耀仁才知道這名病人已經過世了。面對家屬的質疑，只見過病人一次的張耀仁表示還記得這位病人，因為她的腫瘤真的很大，為了製作治療紀錄，並對比腫瘤經過治療前後變化，當時張耀仁還為腫瘤部位進行拍照紀錄。他翻出檔案照片，並將自己當時的醫療建議告知家屬，這位哥哥才明白原來是自己的妹妹放棄了治療，當場傷心到啞口無言。

張耀仁說，其實病勢如此嚴重的案例，這並非首例。對於這類病人，他的做法是先行化療，將癌細胞縮小後再手術。他現場立即拿出另一個類似案例的照片，並說明該病患的癌細胞已潰爛至血肉模糊之地步，經過化療，前後判若兩人，化療後的癌細胞明顯地大幅萎縮，而可以順利進行手術等其他的治療。這名病人經過治療，恢復得很好。張耀仁再次強調，不要因為事態嚴重，就以為來不及，而自己放棄自己。醫學不斷在進步，機會是留給願意堅持的人！

乳癌的免疫療法

在結束乳癌單元的訪談沒有多久，密切觀察最新研究趨勢的張耀仁突然又帶來了好消息。原來針對三陰性乳癌的治療，醫學上又出現了最新進展。他興致沖沖地表示，最新研究顯示，免疫療法已被納入三陰性乳癌的治療了。這項研究總共動用了九百零二位病患，其中還不乏臺灣的臨床試驗者。其成果是，若以紫杉醇化療搭配Atezolizumab免疫療法，將可使三陰性的乳癌患者的存活率延長為二十五個月，而比現行的三陰性乳癌患者一旦復發，存活期僅十二至十八個月來得更長。

雖然這個數字仍不讓人滿意，然而醫學的研究與進步必須經歷積銖累寸的過程，這項研究顯示，至少醫學上已經找到突破的窗口。且不要輕忽所延長的時間僅有短暫的數個月，有時候人生的遺憾與否就決定在這倉促的瞬間。張耀仁以美國德州大學安德森癌症中心教授艾利森（James Patrick Allison）引用的一個例子說明這件事情。一位罹癌的母親願意付出任何代價多活三個月，因為她希望親眼見到自己的兒子高中畢業。艾利森說服了這位母親使用免疫療法，結果十年後，這位母親依然健在。

免疫療法與其他治療癌症方法最大的區別在於，它不是利用手術、化療、放療、標靶藥物等外在的方法去除腫瘤，而是使用人體自己的免疫細胞攻擊癌細胞。其中一種方法是將病人的免疫細胞取出，進行體外的加工訓練，在強化其能力後再移植回體內。另外，張耀仁說，按理人體的免疫系統應該具有辨別癌細胞或不正常細胞，並予以殲滅的能力，但狡詐的癌細胞卻出現了一種偽裝機轉，讓它躲過了免疫系統的監測。現今的免疫療法，就是要揭開這些偽裝術，讓它原形畢露。張耀仁進一步以「戴帽子」來形容這種偽裝術。「癌細胞就像戴了一頂偽善的帽子，讓壞人看起來像壞人又不像壞人，免疫細胞就像是警察，必須想辦法揭開這頂帽子。」因此，醫學研究必須做兩件事，第一是增強警察識別這頂帽子的能力，第二是大幅增加警察人力，而免疫細胞的體外強化訓練，就屬於這個部分。

目前已經使用免疫療法的癌症為數不少，其中又以肺癌、黑色素瘤效果最好，乳癌的效果相對沒有那麼理想。原因是乳癌的癌細胞與正常細胞的識別度較不明顯，張耀仁又打了個比方，「一如越南籍的外勞與臺灣人的相貌較為接近，警察若要憑著外貌逮捕越南籍的非法外勞，就遠比捕捉印尼籍的非法外勞為辛苦。」但這個困境，現在也有了改變。

免疫療法可治療部分三陰性乳癌

二〇一八年的諾貝爾醫學獎得主美國免疫學家詹姆士艾利森（James P. Allison）與日本免疫學家本庶佑（Tasuku Honjo）終於讓乳癌的免疫療法出現關鍵性的突破（註1），而這個改變將使五分之一的三陰性乳癌患者不至於無藥可醫了。

免疫療法的特色是，一旦有效，終生有效，遠比療效短暫的化療效果更佳。它的缺點是費用較高，一個療程約莫十幾、二十萬，全部治療完畢可能耗去一、兩百萬元。如前所述，它一如標靶治療般也有適用對象，而非每個三陰性患者皆能享用。

無庸置疑地，免疫療法已經成為醫界抗癌的新秀，它的副作用較小，不似化療或放療般明顯副作用遭人詬病，所以醫界也對它寄予厚望，估計未來將會有更多的免疫療法陸續誕生。醫界推估，至二〇二〇年，以免疫療法治療癌症，將從現階段的百分五快速提升至百分之五十，至二〇三〇年甚至可能高達百分之九十。亦即，嗣後免疫療法很可能會成為乳癌常規治療裡的選項之一。

這款甫出爐的Atezolizumab免疫療法，實際上早已應用於其他癌症之治療，但直至二〇一九年，美國FDA才通過亦可適用於乳癌的治療，而該療法在臺灣上市的時間，預計在一年以後。

化療與標靶治療之別

化療與標靶治療是一般人比較熟悉的治療癌症的模式，但兩者之間的區隔為何，多數人還是一頭霧水。張耀仁說明，癌細胞有生長快速特質，而化療就是針對人體具有此項特質的組織細胞進行大規模掃蕩。由於化療採取的是「焦土策略」，所以舉凡一些生長速度較快的正常細胞，例如頭髮、腸胃道的黏膜細胞等也會被無端波及，而令患者產生落髮、拉肚子、血尿、目視不清、指甲變形、疲倦、皮膚壞死、食慾不振等副作用。

相較起來，標靶治療就像它的名稱一樣，它不會讓正常細胞做無謂的犧牲，而只打擊特定的癌細胞。這就好比替壞人做了標記，警察只抓有標記的壞人，而不傷及無辜。所以，標靶治療的副作用較小，堪稱較為理想的治療選擇。對此，張耀仁又進一步提出一個醫界正傷腦筋的疑問：是否所有的癌細胞都有標記呢？會不會有漏網之魚呢？無奈的是，這個疑惑迄今尚未找到答案。

目前，癌症的種類繁多，標靶治療的藥物卻有限。乳癌部分，僅針對Her2型乳癌有「賀癌平」一款而已。賀癌平的副作用是，莫約有百分之二至三患者的心臟與心肌會出現不適，但即便如此，像賀癌平這樣的標靶藥物也不可多得。

現階段最常運用於乳癌的化療藥物，就是「小紅莓」與「紫杉醇」兩款，這兩種藥物具不同之機轉而會產生不同之副作用。其副作用繁多，張耀仁僅列舉臨床上最普遍者為例，譬如，前者會噁心嘔吐；後者會造成手腳紅腫痠麻。而兩者的共通點皆是落髮、白血球大幅下降等。化療對女性生理期也有影響，張耀仁說，化療會使卵巢功能喪失。通常二、三十歲的女性化療，卵巢功能還有可能百分百恢復；四十歲的女性只能恢復八成；四十五歲以上接近更年期的人，就可能一注射下去，生理期就一去不回頭了。

由於化療容易造成一般血管的發炎，所以皆以人工血管進行靜脈注射，而標靶治療則已經進步到可以直接進行皮下注射了。一般而言，化療的毒性較大，只能短期施打，標靶治療與荷爾蒙治療的毒性較低而可以長期使用。

化療之副作用

化療的毒性如此之大，是否所有乳癌患者都非得接受這項治療呢？張耀仁的答案是未必。例如，荷爾蒙陰性乳癌之腫瘤若小於零點五公分，或荷爾蒙陽性反應型之乳癌腫瘤小於一公分者，也有的醫師認為殺雞焉用牛刀，只需放療而不必化療了。

令人聞之色變的化療副作用，張耀仁指出，主要發生在第一週，第二週就進入恢復期，第三週又回到正常狀態。所以化療是三週一次，一個療程約六至八次。如果病人恢復得太慢，白血球數量太低，感染風險太高，也可能會延後施打，而使整個療程拖長。所以在此期間，患者應儘量補充蛋白質，多食肉類；素食者則要多補充蛋、奶與豆類，以利療程進行。

至於高蛋白的保健食品或是牛樟芝之類的保健品，張耀仁認為其抗癌效果尚未經臨床證實，可以免俗。慈濟醫院也有中醫部門，有時中西醫會一起合作，以西醫做積極治療，中醫做溫和的輔助，讓病人佐以中藥對抗化療副作用。他個人非常推薦這種搭配療法，直說效果很好，值得鼓勵呢！

放療的對象與種類

由於放療並非張耀仁之專業，為了讓他的讀者能夠完整地認識乳癌治療的過程，他特別推薦慈濟醫院放療科主任黃經民，由第一線的專家來補充這部分的資料。黃經民表示，放療是治療乳癌裡的常用手段，放療已非早期之鈷六十，而是以放射線使患處嚴重燙傷，進而達到殺死癌細胞之目的。但絕非所有的乳癌患者皆需要放療，接受放療的患者必須符合下述條件：

第一、乳房局部切除者，不管是原位癌或侵襲癌患者皆有此需要。

第二、雖已全乳切除，但有淋巴轉移者。

第三、癌細胞大於五公分，且已侵犯至皮膚者，即便已經切除了乳房，仍需要以放療加強掃蕩。

第四、乳癌復發，手術後亦須用之。

放療的進行方式約有兩種。第一種屬傳統的放療操作模式，亦即對全乳切除者，進行連續五週、一週五天，共二十五次的放療；對乳房局部切除者，進行連續六週至六週半，共三十至三十三次的放療。不論哪一種，每次放療均五至十分鐘。

第二種是新發展出來的「部分性乳房加速放射線治療」（Accelerated partial breast irradiation，簡稱APBI）。該放療法僅適用於低危險性的特定病患。該操作方法是在腫瘤附近，以高劑量、小範圍、短時程（約為期一週，甚至只有一天）進行放療，其效果與傳統的全乳房放射線治療相當，卻因為範圍縮小而大幅減少對肺部、心臟功能之傷害，而降低了放療的副作用。同時，因療程縮短，對舟車勞頓的病患也較為便利。

在各種APBI療法裡，最吸引人的就屬於「術中放療」（Intraoperative Radiotherapy，簡稱IORT），因為它直接就在乳房切除手術完成後，即刻在開刀房裡進行放療，而使放療的療程可以直接縮短為一天，非常便利。IORT是外科醫師與放療醫師通力合作的成果，而該療法之構想是源自於美國地大，就醫路遠，不是每位患者都有能力天天上醫院，才發展出來的單次放療法。目前，臺灣也有APBI治療，其中IORT的自費金額高達二十至二十五萬元。這個方法雖然方便，但也並非所有的患者皆一體適用，而有其嚴格的條件限制（註2）。

五花八門的放療新刀

另外，放療讓人眼花撩亂的是，不同的醫院各有其主打的放療機器，堪稱名目繁多，價格混亂。其名稱從銳速刀、螺旋刀、加馬刀、質子刀、電腦刀、諾力刀等不一而足，讓人莫衷一是。黃經民主任分析，簡而言之，這些機器的共通點皆強調，新機器增加了影像導航定位系統，而遠比傳統的2D放療機器更適合3D構造的人體需求。這些新式機器可以彌補舊式機器不夠精準之處，可以提高摧毀癌細胞的效能，又降低對正常細胞之傷害。

使用這些機器，病人負擔的費用差距極大，從兩、三萬元到三、四十萬元不等，健保則採取有條件之給付。由於貴的機器並不一定是最適合的，也未必是效果最好的機器，有的機器甚至於不適合乳癌的操作，所以黃經民主任提醒，患者務必先與自己的醫師進行討論後再行決定。

慈濟醫院在放療服務上，雖未刻意主打某某刀的名目，卻針對有特別需求之患者提供了「影像導航服務」，並以較為親民的價格單次千元計費。對於乳癌病人，放射腫瘤科黃經民主任很平實地說，左乳放療者，因關係到與心臟之距離，可考慮增購內外對位的導航服務；但若是右乳放療者，就未必有此需要了。

至於放療之後遺症，當下會有紅腫、破皮、潰爛、皮膚變黑、發炎等燙傷症狀，但治療後數個月皆會逐漸康復。由於乳房接近心肺，仍有極少數人會產生放射性肺炎或有心血管問題的副作用。比較長期的後遺症是，經放療過的皮質組織容易纖維化，而變得手感較硬，也有部分人會因汗腺受損而產生不會流汗或缺少油脂分泌的乾癢現象。乾癢可以長期擦乳液保養，至於無法流汗的問題，汗水自會從對側乳房或後背尋找出口，而不必過於擔心。

癌症治療也可以很靈活

化療、放療、標靶治療、荷爾蒙藥物治療，皆是治療乳癌的各種途徑，已經預知的，未來在這支治療大隊裡還會增加免疫療法。儘管不同類型的乳癌已發展出各自的特定的治療模式，亦即每位主治醫師手裡拿到的制敵招數是大同小異的，但如何組織這批治療隊伍，並以不同的戰術出奇制勝仍各有門道。醫術高明者運用起來靈活巧妙，而能發揮每個療法的最大療效。

譬如，荷爾蒙陽性反應者可以使用荷爾蒙藥物，Her2型乳癌宜施打標靶治療，但臨床顯示，這兩者如果再搭配短期的化療一起操作，效果會更好。即使單純的化療，醫師亦可替換不同的化療藥物，以避免癌細胞產生抗藥性，或當癌細胞出現再進化時，醫師不至於全然束手無措。所以，在臨床上，張耀仁也會採取醫學研究的最新方法，例如，平常以四次小紅莓搭配四次紫杉醇，有時也會採取荷爾蒙藥物搭配標靶等，而這種交錯搭配的治療方式，將使癌症治療充滿彈性而變化多端。

乳癌的研究與日俱進，不斷有新藥問世，治療的選項日趨多元，醫師可以發揮的空間也日形擴大。而這些療法的選配與調度是否成功，端賴主治醫師是否具有豐富的經驗、吸收新知的好學態度與靈活創意。所以病友在抗癌時，若能擁有一名好醫師作為後盾，往往就是抗癌的致勝關鍵了！

乳癌的主治醫師特別多

雖然主治醫師在治療的過程中角色吃重，但張耀仁也強調，治療乳癌是一個團隊通力合作的成果，其成員包含了外科、放射治療科、血液腫瘤科、放射診斷科、病理科、核子醫學科，甚至整型外科等各個不同部門的醫師。

這些跨單位的專業人員固定每兩週聚在一起開一次會，詳細討論各個病例，並為每位病人找到最適合的治療模式。

支援治療的醫師雖然是一個團隊，但病人直接面對的通常是外科醫師、血液腫瘤科醫師、放射治療科醫師三位主治醫師。所以在術後的病情追蹤上，病人也面臨了分科回診之方式。這種分科治療、分科回診的做法，張耀仁說，是延續歐美的醫療體制的操作模式。對沒有罹癌經驗的病人來說，生一個病要同時面對那麼多科的醫師，剛開始並不太習慣。所以目前臺灣一些大型醫院，將乳房外科獨立出來，部分外科醫師可以選擇只治療乳癌病人，成為乳癌專科醫師，也是同時兼顧手術與化療的醫師。如此做，將可以使血液腫瘤科的醫師更專注於治療其他的癌症病人，亦可使乳癌病人的主治醫師從三位簡化為兩位，只要面對乳房外科與放療科醫師即可。

張耀仁是體貼又用功的醫師，當然感受到病人要同時面對那麼多醫師的疑惑，所以當他決定專注於乳房外科後，旋即努力進修化療、標靶治療，以及其他乳癌治療的相關專業，俾使自己的病人終其一生不斷固定回診的過程裡，可以化繁為簡，減少到處奔波的處境。且就其個人而言，一名外科醫師在手術臺上，既已全盤瞭解這名病人未來在化療或標靶治療的可能選項，就更能掌握下刀的分寸！能放心的將自己交給這樣一名外科醫師，可以說是幸運的！

復發的高峰在術後二至三年

在治療告一段落後，病患關心的大概就是癌症的復發與追蹤了。通常所有類型的乳癌，前兩三年都是復發的高峰期，所以在此階段，幾乎每隔三個月就要追蹤一次；三年後，可延長為半年追蹤一次；五年後，則簡化為一年追蹤一次即可。換言之，五年之內皆是密集追蹤期，過了五年的疾病已可視為慢性病，復發的危險就大幅降低了。

對於乳癌或是所有的癌症患者，這樣的追蹤都是一輩子的，即使身體康復也不能免去。因此與其嫌棄麻煩，不如以每年都要跟主治醫師——這位一輩子的老朋友見面的心情回診，讓他知道自己過得很好，身體很健康，心情就很愉快了！

若從復發機率而論，張耀仁指出，臨床經驗顯示，原位癌的復發機率最低，大約在一成以下。但可能仍有人存疑，既然這些癌細胞都是在尚未流竄前就已經被一網打盡了，為何還會肆虐呢？醫學上的解釋是，可能是已有部分癌細胞偷跑出去了卻未被發現，也就是屬漏網之魚。至於第一期侵襲癌的復發率大概在一至二成；第二期的復發機率約二至三成；第三期以上的就更高了。但此概括的說法仍不周全，因復發機率，除了與癌症的期數有關，也涉及癌症的類型，荷爾蒙陽性反應的乳癌甚至有晚期復發之可能性，如十年、二十年復發，而難有定論。至於在對側乳房復發的機率，張耀仁說，大概每年有百分之零點五至百分之一的發生率，也不能掉以輕心。

乳癌轉移的方向

至於復發的方向，除了乳房原地以外，張耀仁指出，荷爾蒙陽性者易轉移為骨癌，Her2型則偏好擴散為腦癌，而三陰性乳癌易染指肝臟與肺臟，而發展為肝癌與肺癌。亦因如此，在日後追蹤過程裡，除了乳房攝影、乳房超音波、癌症指數的抽血檢驗以外，胸部X光與腹部超音波一樣不可遺漏。至於骨癌與腦癌，因擔心患者接受的輻射線過度，都處於被動性追蹤，也就是當患者有不明的肢體疼痛或言語異常、肢體無力時，才做進一步的檢查。

附帶說明的是，萬一真的不幸癌細胞轉往他處，張耀仁表示，因為跑過去的癌細胞還是來自於乳癌的那批壞蛋，所以所有的對治流程與用藥，依舊會採用原來乳癌領域的療法，主治者也還是原來的醫師。例如，乳癌轉移肝癌，不會就變成肝癌的治法，適用的還是乳癌的治療之道。唯獨在治療前，通常會先進行更進一步的判別，以確認這是乳癌轉移或是原發性肝癌。答案不同，治法就完全不同。

然而，無論是避免復發或是預防，最重要關鍵是患者自己要具備警覺性，並保持定期追蹤之習慣。遺憾的是，臺灣患者在這方面的自我意識遠低於歐美。張耀仁在臨床裡發現，患者的腫瘤明明已經很明顯了，她自己徒手檢查，還絲毫未曾覺察。幸虧臺灣有健保制度，醫療很方便，透過儀器檢查又完全不需要肢體接觸，害羞的女性也不必有所顧忌。所以，張耀仁強調，女性若沒有自行檢查的能力，應該大加把握健保的健檢制度，替自己的健康把關。

樂觀堅強正向面對

乳癌治療過程中，還有一項非醫藥的影響因子，那就是病人面對疾病的心態。有幾位師姊特別令張耀仁印象深刻，有樂觀正向面對的，也有無論怎麼勸說都過不去的，其中有一位慈濟師姊的故事特別讓他感動。

這位師姊罹病已十五、六年，發現時就已經第三期了，病勢不輕。她有家族病史，對自己罹病表現得很認命，而從不抱怨，也很聽從醫囑。令人意外的是，這位師姊前前後後竟然復發過三次，每一次她都積極配合治療，所以也都安全渡過危機。這個案例是戰線拉得很長、長期抗戰的例子，張耀仁在她身上看到了旺盛的生命鬥志而佩服不已。她的例子證實了，只要病人肯與醫師合作，即使復發不只一次，也照樣能好好的繼續活下去。

張耀仁說，癌細胞也有抗藥性，時間久了，也懂得循旁門左道再找出路，但醫學也不斷在進步，一直有新藥可以對付這些頑劣的癌細胞，所以生病的人絕對不可輕言放棄，只要努力就會有希望！

還有一名病人，治療乳癌已經超過五年以上時間，治療成果很不錯，但這位病人就是悶悶不樂，最後竟然上吊自殺了。張耀仁不知道這位病人自殺的真正原因是什麼？他非常感慨，醫師再怎麼努力治病，幫病人收回焦土重建生活，但病人卻不珍惜得來不易的成果而放棄自己的生命，讓人為之惋惜！

還有一個案例是最近才在門診確診罹患1A（第一期A階段），也就是乳癌初期的病人，但她卻自怨自艾，不斷地抱怨「為何是她？為何不是別人？」其實在醫師眼裡，早期乳癌只要好好治療，甚至不用化療，吃藥就能控制，屬於復發率非常低的病人。但這名病人如果一直處於高度負面的情緒裡，反而容易出事。

乳房的重建與保養

對於乳房的重建，站在醫師的角度，張耀仁指出，通常有兩個時間點最為恰當，一個是趁第一次開刀時就一起重建。其優點是一次到位，不必開兩次刀，女性也不必經歷外表受損的心理調適。缺點是手術的時間可能會從兩、三個小時增加為五、六個小時。而且迄今乳房重建都屬自費範圍，一邊大約十餘萬元。另一個重建的時間點是等復發高峰期過了以後，大約在術後的兩年後再行考慮重建。此時治療已告一段落，也確定恢復得很好，暫時沒有復發跡象，適合進行乳房重建。

但站在醫療的角度，張耀仁以為不重建最為單純，萬一有任何狀況，治療的同時不必考慮患處還有其他的外來物，徒增治療的複雜度。且重建者若使用的不是自體組織，放療時還可能攣縮變形而非常麻煩，但即使以自體組織重建也會有一定程度的影響而造成困擾。然而，這件事若換成女性的立場，重建可以恢復女性之自信，又非常值得鼓勵。換言之，天底下的事沒有絕對標準的答案，對於是否該重建，張耀仁說，就請個人自行定奪了。

張耀仁也很擔心一些因為懼怕副作用而不遵從醫囑的病人，或是仰賴宗教的寄託而不願好好配合治療，而自以為禮佛、禱告、打坐、茹素、禁食、草藥偏方等就能治療癌症，結果病症一發不可收拾。在張耀仁的經驗裡，不遵從西醫醫囑而採取其他治療的病人，若採取的是中醫治療，有的還有不錯的效果，但若使用的是其他的偏方治療，再回來者率皆大勢已去而徒呼負負了。

另外一個例子，是近日出現的一位罹患乳癌七年多的病人，她之前在新北市其他家醫院動過手術，因為腋下又出現了硬塊，經過轉介才到張耀仁的門診。

經過詳細檢查，他確認這位女性是乳癌復發，同時有骨骼、淋巴結、肝臟、肺臟以及腦部的轉移。沒想到這位病人得知病情後竟難以接受，直嚷著「難道我四十七歲的人生就這樣結束了嗎？」張耀仁不斷安慰她，並告知健保對於Her2過度表現型的乳癌病人，仍有一線及二線標靶治療的給付，若再搭配放射線治療，依照臨床經驗顯示，即使是第四期的病人，疾病仍可獲得長期的控制。但這位緊張的病人對這個答案似乎仍不放心，接著又問「過了這段控制期後，是不是就沒救了？」張耀仁只得再次安撫病人的情緒，並告知乳癌藥物不斷推陳出新，他深信很快又有新藥問世了。事實上，在張耀仁的經驗裡，已經有好幾位乳癌第四期病人的存活期已超過十年以上，她們迄今仍好好活著，以藥物治療，並定期追蹤中。張耀仁強調，只要好好遵照醫囑，乳癌真的可以就像糖尿病、高血壓一樣可以獲得控制，而與疾病長期和平共存！

在此，張耀仁對於乳癌患者保養，提供了幾個簡單的叮嚀：

第一、請好好維持體重，因為有報告顯示，乳癌的復發與體重成正比，當身體質量指數ＢＭＩ（身體質量指數等於體重（公斤）除以身高（公尺）的平方）大於二十五時，就要提高警覺了。

第二、請養成運動的習慣。

第三、清淡飲食，但請避免油炸或不好的油脂食物。對於山藥、豆漿等具有雌性激素的食物，只要不過度食用，沒有什麼不可以。

第四、多晒太陽，接近大自然。

第五、養成正面思考的習慣，快樂過生活。

罕見的男性乳癌

男性乳癌在西方國家大約佔了百分之一，在臺灣數量更少，僅有兩百或三百分之一，張耀仁自己也曾經碰到過幾位這樣的病人，所以就算罕見，也依然存在，而不能避而不談。

男性會罹患乳房腫瘤或覺得有硬塊的原因，可能與遺傳基因有關，也可能與環境荷爾蒙有關，或青春期內分泌過度旺盛，抑或是服用其他藥物，造成肝臟的代謝功能不佳有關，基本上皆是男性的體內無法順利代謝掉女性荷爾蒙所造成。張耀仁亦是肝膽腸胃科專家，他在臨床上常看到慢性肝病患者有此症狀。這種病稱之為「男性女乳症」，就是一種因雌性荷爾蒙過多，造成一邊或兩邊的乳房特別碩大的疾病。患者通常都不敢去游泳池、溫泉等公共場所，連來看個病都遮遮掩掩的。

但就如女性一樣，碰到身體的異常，絕對不可以諱疾忌醫。上述提到的男性女乳症是良性的，若檢查的結果屬於男性乳癌，就必須趕緊就醫。男生罹患乳癌，很容易因缺少警覺性而拖延至非常嚴重才發現。尤其男性因為乳房組織稀少，一旦產生癌細胞，就會直接侵犯胸壁或皮膚，而搞到難以收拾的地步。所以，當男性的乳房位置出現硬塊，或過度肥厚或漲大而難以分辨時，務必要立即就醫。

最後，張耀仁還是要以一名值得推薦的案例作為乳癌議題的收尾。這個讓張耀仁印象深刻的案例發生在慈濟師姊身上。這位個性陽光且善良的師姊是位熱忱的志工，即使在治療期間也未曾停止付出，還請醫師配合她的活動檔期安排手術。最令張耀仁讚歎的是，這段期間，這位師姊發現自己的關懷戶也罹患了乳癌，她不但立即把對方帶來看病，在知道這名關懷戶因忙於工作難以分身來開刀後，又心急如焚，在化療期間的她明明自己也很不舒服，還堅持去處理這件事，直到關懷戶也放下工作來開刀為止。這名師姊人飢己飢的精神讓張耀仁心生崇敬。他始終記得這位師姊對他說那的句話：「能夠幫助別人，我很快樂啊！」這種正向思考的精神，非常值得推崇。

【註釋】

（註1）乳癌免疫療法的突破：二〇一八年的諾貝爾醫學獎得主美國免疫學家詹姆士艾利森（James P. Allison）與日本免疫學家本庶佑（Tasuku Honjo），分別在腫瘤免疫上發現了CTLA-4 和 PD-1 兩種免疫受體。這兩種免疫受體是人體為了避免T細胞（一種免疫細胞）因過度活化、攻擊自己的正常細胞，進而引發自體免疫疾病而出現的調控機制。實際上，這個調控機制就是那頂偽善的帽子，倘若狡詐的癌細胞戴了這頂帽子偽裝成T細胞的好朋友PD-L1，T細胞就可能難辨敵友，而無法對癌細胞展開攻擊了。T細胞與癌細胞的握手言和，醫界

稱之為「死亡之握」。而免疫治療，就是要掀開那頂帽子，阻斷雙方的結合，喚醒T細胞執行抗敵的任務，進而達到抑制癌細胞生長之目標。凡具有PDL-1陽性反應者，使用免疫療法，即可能成為T細胞揭開帽子的對象，亦即至少有五分之一的三陰性的乳癌患者可因此擺脫無藥可醫之困境。

（註2）IORT單次放療的適用者：執行IORT的患者必須吻合年紀大於或等於四十五歲、腫瘤小於等於三公分、ER反應為陽性、Her2反應為陰性、沒有淋巴結轉移等條件，評估屬於一群預後極佳，不易復發的患者才得以適用。令人為難的是，幾乎所有詳細的病理報告都是在術後才出爐，也就是在手術的當下，即便主治醫師也未必有把握患者是否吻合上述條件，所以儘管APBI、IORT有非常多的優點，卻未必能成為醫療時的常態選項。

第七章　他人眼中的張耀仁

張耀仁的個性溫和沉穩，是一個情緒極為穩定的人。從修行的角度視之，修行就是要修正自己的習氣，而情緒上的平靜無波正是修行者努力追求的目標之一。然而，眼下的這位張耀仁，似乎不必修行，天生的性格就具備了這項特質，而令人不得不深感佩服。

這個心得是在親身接觸張耀仁進行為期半年的訪談，再綜觀所有的受訪者看待張耀仁的角度後，所得到的結論。這位說話時始終維持平靜委婉的態度，無論面對回憶裡的歡樂或委屈，都是淡然處之的醫師，其待人處世之修為，實足以作為世間多數凡夫俗子之表率。

以下的採訪紀錄，是綜合了張耀仁的師弟、同事、下屬、同學、學生、病人等各種不同身分者而來。從他們眼裡看張耀仁，反映的是張耀仁各個不同的側面。這些側寫讓我們彷若看到張耀仁從平面的書本裡立體地走出來，是那樣的真實與鮮活，而令人對這位仁醫溫煦謙和的風範更為景仰。特別說明的是，為了尊重病人隱私，本書有關病人部分一律採用化名，其他圍繞在張耀仁身邊的同仁與朋友們才以真名報導。

門諾醫院一般外科主任伍哲遜：學習老師作主管之風範

伍哲遜醫師是罕見的原住民醫師，為了照顧故鄉人，明明有機會待在大都會賺大錢，卻情願返回花東，做一位偏鄉的守護者。他在轉任門諾醫院前，曾在花蓮慈院工作了八年，對張耀仁有著門生般的感情。一提起這位老長官，伍哲遜話匣子就打開了，語氣裡充滿了感情。

伍哲遜回憶，剛進入花蓮慈院時，張耀仁已貴為慈院副院長，但他眼裡的這位老長官毫無官架子，個性謙和、憨厚、溫暖，碰到任何不愉快的事，他通常報以傻笑就過去了，讓周圍的人非常舒服。伍哲遜透露，張耀仁外表看起來一板一眼，其實骨子裡很幽默，如果跟他夠熟悉，還不時能聽到他講的笑話呢！

對於這位老長官，他佩服得五體投地。他說，有一回張耀仁忙著進行肝臟手術，因右撇子之故，某些角度硬是搞不定，他絲毫未顧及顏面，立即召喚下屬來幫忙。伍哲遜天生是左撇子，自他擔任外科醫師後，又刻意鍛鍊右手，所以兩隻手都能運作自如。那次，在他接獲通知後立即接手處理，很快就順利完成了任務，下了手術臺，張耀仁立即大大的讚許他。伍哲遜說，極少人有如此的氣度，他不擔心下屬比自己好，不吝惜讓對方表現，還適時給予肯定，讓基層的人員更會心甘情願地為他做事。而且從醫療的角度看，這位主治醫師懂得在必要的時候放下身段向外求援，當他的病人絕對會因此蒙福呢！

在伍哲遜腦海裡的另一件事，是花蓮慈院曾調派他至臺大醫院受訓一週，這個花蓮人對臺北人生地不熟，連住處都沒有。當時這名年輕的住院醫師薪資並不高，住飯店太奢侈，只好來求助老長官。已調返臺北慈院張耀仁又立馬答應，在臺北慈院替他安排宿舍，解決了他的燃眉之急。

還有一件事他很感恩張耀仁，就是在他的領導下，花蓮慈院走向微創手術的發展。當時，張耀仁將擅長腹腔鏡的伍超群醫師挖角來花蓮慈院，讓新生代的醫師立即大開眼界。他強調，張耀仁是一名很肯做事，氣量很大的人。他從來不搞派系，自己也不多話，謹言慎行，即使自己陷入了人事鬥爭裡，不管面對朋友還是敵人，都是一團和氣，是一名講究人和而極有修養的人。但也因為他對別人的攻擊始終採取不回應的態度，大家反而更看得清楚誰是誰非，也對他的行事作風更為尊崇。

伍哲遜說，這位前輩對下屬非常保護，面對不合理的事，就像母雞展翅般擋在外面。而且張耀仁對下屬觀察入微，一旦確認這件事下屬能接手，就立即放手，自己則專心於行政，投入更重要的大事。說起這位老長官的種種，伍哲遜真是滿心臣服，他已經離職，遠不在慈濟體系以內，實在沒有必要對張耀仁阿諛奉承，他說的是心底的話。張耀仁讓他見識到一名領導者的風範，一名對外對上據理力爭，對下對內謙和溫暖的謙謙君子啊！

臺北慈院消化外科主任伍超群：推崇一名用功的好醫師

伍超群醫師與張耀仁的緣分很深，命運讓他們的人生前前後後重疊了好幾回，一直到現在，兩個人還在並肩作戰。他們第一次相逢是張耀仁在臺大醫院擔任總醫師期間，那時伍超群只是名醫學生。他對張耀仁最鮮明的印象，就是別的醫師對學生們都很兇，唯獨張耀仁待他們很客氣，其個性溫和，不管學生問什麼問題都願意回答，絕不藏私。

伍超群記得有次臺大外科主任的胰臟癌病人半夜突然發燒急診，需要緊急開刀，去幫忙動手術的就是張耀仁。在這個過程裡，這位總醫師表現得任勞任怨，EQ極佳。後來，伍超群在花蓮慈院實習，又在羅東博愛醫院擔任主治醫師，與張耀仁前前後後多次共事，而對這位前輩的不同階段皆有長期之觀察。

伍超群說，張耀仁一直擔任主管角色，他為人非常隨和，不管在學術或是臨床上都樂於助人，對工作的付出全力以赴，對專業的增長則非常用功，學習絕不落人後。他說，在一九八〇年代時，內視鏡的微創手術才剛開始萌芽，許多醫院都還沒有引進，當時擔任羅東博愛醫院副院長的張耀仁因方從日本進修回來，便積極推廣微創手術，讓當時同在消化外科的許多其他年輕醫師跟著一起受益，大家也都從他的身上學到許多關於胃癌、淋巴摘除等手術的新穎技術。

待張耀仁返回花蓮慈院，當時腹腔鏡的發展更趨於成熟，花蓮慈院的肝膽腸胃外科業已成立，張耀仁便將伍超群挖角過去。當時，這位前輩告訴他，花蓮有許多胃食道逆流、食道弛緩的病人亟待微創手術治療，期待他能加入這個團隊，一起發展腹腔鏡，幫助這些病人度過難關。之後臺北慈院成立，張耀仁臨危受命返北，又再度將伍超群這位戰將一起帶來臺北。在他們的努力下，伍超群說，臺北慈院的微創手術的佔比幾乎已達七、八成之多，堪稱他們兩人的漂亮成績單！

張耀仁對專業上的努力有目共睹，伍超群說，他親眼看到張耀仁建立起乳癌的專業，並為乳房保存手術努力不懈，同時這位老前輩還去學習外科手術之外的化療專業，對乳癌治療的經營可謂非常的用功與用心。

對於張耀仁的手術技術，本身也被同業稱許頗具天賦的伍超群醫師，則用一個「穩」形容。他描述張耀仁動手術時按部就班、穩紮穩打，絕對不會漏掉任何一個該有的步驟。而且這個穩的表現，也展現在張耀仁打高爾夫球的態度上。「他只打穩球，不冒險，也不走歪路，就是一個中規中矩的人。」伍超群說。

開刀是外科醫師的天職，但一般人無法想像，外科醫師面對艱難的手術時必須非常專注，通常連開十至十二個小時，中間只能休息十至十五分鐘。伍超群表示，他開刀時還不覺得累，回到家裡卻疲憊不堪。而且開刀時可能沒太大壓力，但一週後，病人若恢復得不如預期，壓力就如排山倒海而來。尤其從醫越久，越容易遇到難度高的手術，開刀前的準備功課更形重要。這些功課包含了查文獻、讀書、研究X光片、請教前輩的經驗與意見等，然而，「學術文獻是死的，臨床卻是活的，手術前若缺少一個經驗豐富的老師帶領，差別極為懸殊。」他說。而張耀仁正是這麼一位現成的、可供諮詢與討論的好對象，他經驗豐富、專業技術佳，願意傾囊相授，態度誠懇又熱忱，形同是伍超群外科生涯裡的貴人。

對於張耀仁的行政能力，伍超群口口聲聲說：「他就是一名好好先生，非常尊重同仁，而給予科裡的醫師自由發展的空間。」「若非張耀仁的個性太溫文爾雅，否則以其資歷與專業，成就應該更上層樓吧！」伍超群似乎頗為扼腕地下了一個這樣的結論。

慈濟醫院主治醫師張健輝：效法恩師不斷進步的精神

張健輝醫師是慈濟大學醫學系畢業，目前是臺北慈院年輕一代的一般外科主治醫師，是一名百分之百的慈濟體系訓練出來的醫師。相對臺大、長庚這些大醫院，臺北慈院年輕醫師的數量相對較少，所以張耀仁只要動刀，他常常都有機會參與。對於一名年輕醫師來說，能夠長達七、八年時間都頻繁跟在大醫師的身邊開刀，成長的速度自然不可計量。

也因為能夠就近學習，親身觀察，他發現老師的手術也一直在改變與進步中。例如，昔日乳癌手術會將乳房悉數切除，後來的術式逐漸改變，僅切除腫瘤幾公分範圍內的乳房，然而現在已經進展到可以沿著腫瘤的邊緣切除，也就是乳房越切越少，保乳越來越多。而張耀仁之所以敢斗膽如此，是因他非常用功，一直在吸收與學習最新的治療方法，他知道要如何利用化療、放療搭配手術，才能將手術對病人的傷害降至最低點，而不致讓患者因手術導致乳房變形得太厲害。張健輝說，一名外科醫師要跨足血液腫瘤科進行化療，並非一件簡單的事，張耀仁自我要求很高，他相信自己能掌握的治療方法越多，越能綜觀全局，才能在下刀時對病人進行最好的研判。他也觀察到，張耀仁喜歡以微創手術清除乳癌的淋巴，這樣可以讓手術的傷口隱藏在腋下，完全是站在病人的角度考量。張健輝說，這是一名負責且用功的醫師的表現，看在後輩眼裡，就是不斷地追求進步、進步、再進步的最佳典範。

張健輝很感激老師教給他的功夫非常完整，從術前的學習、術中的判斷、術後的照顧，通通包含在內。連開刀過程裡病人如何擺位、手傾斜的角度、助手的位置、器械的選擇，以及剖、切、剝、綁的細節，都沒有遺漏。而且老師也告訴他，並非所有的病人都適合開刀。例如年紀大的病人、合併其他器官衰竭的病人等，因為手術麻醉風險太高，開刀未必是最佳途徑，而需另求其他的治療方法。其他連面對急診病人時的觸診，老師也教了他一手。他依稀記得有一次摸了一位腹膜炎患者的肚皮，覺得毫無異樣，但老師一摸就察覺到異常，連這種觸感，老師都手把手的傳授給了自己。

張健輝打了一個比方，手術就像是烹飪，可能食譜一樣，不同的師傅做出來的風味可能截然不同。許多細節，例如怎麼切菜、火候如何控制，若乏人提點，永遠有許多食譜上未註明的訣竅。他又以膽囊炎為例，每個人膽囊的形狀、發炎程度略有不同，手術切法就不同，變化非常大。他再以烹飪類比，當到手的食材不同時，烹煮方式也必須跟著變化呢！他很高興，張耀仁傳授給他的都是最簡單卻最有效率的方法，他現在進行乳癌手術，完全依照老師的教法，而頗為得心應手呢！

他尤其感恩的是，張耀仁平常教導他毫不保留，私底下還常提醒他，外科醫師很容易學得太多而什麼都會，最終還是要有所選擇，一門深入，張耀仁自己在乳癌上努力，就是最佳的示範。而這件事也給了張健輝啟發，讓他開始思考自己的未來。

對於老師的個性，張健輝以單純善良、情緒穩定、從來沒有八卦來形容。這麼多年來，他幾乎很少看到張耀仁發脾氣，而且這名性格溫和的主管，做事充滿彈性，毫不死板。只要事畢成果圓滿，他從不要求下屬或學生一定要依照自己的模式做事，非常懂得尊重個人，也經常給下屬發揮的空間。而且張耀仁對學生極為照顧，手上有非乳癌的病人也常常轉介給晚輩，做人絕不口惠而實不至。

張健輝也發現老師處理醫病關係的EQ極高，面對婆婆媽媽囉囉唆唆的病人，從不會不耐煩，還經常順著對方的意思接話，讓病人的情緒能夠獲得抒發。張健輝說，「要每天面對著一百個病人都抱持著親和力，做到不讓任何病人有抱怨的空間，實在不容易啊！」這種的感受，也唯有同為醫師者，才能體會吧！

宜蘭博愛醫院副院長葉顯堂：學習大師兄一流的行政能力

博愛醫院的葉顯堂醫師既喚張耀仁為大師兄，也喚他為師父，因為葉顯堂人生裡的第一檯刀闌尾炎，就是在張耀仁的指導下開的。那時候張耀仁在臺大醫院當主治醫師，而葉顯堂只是一名R1菜鳥。五年後，他也當上了主治醫師，張耀仁所在的宜蘭博愛醫院正好缺人，師父一召喚，他就過去了。

一個堂堂臺大醫院的醫師，不留在全臺最頂尖的醫院，卻跑去蘭陽平原，任何人都會覺得他太傻，但葉顯堂說，他做這個決定是因為當時家庭有經濟需求，而私人醫院可以提供較高的待遇；另方面也是因為師父在那裡，讓他頗為心安。他說，雖然臺大醫院的訓練很紮實，但突然之間要獨當一面，心裡還是頗具壓力。如果背後能有一個如父如兄的靠山可以諮詢，能夠指導，讓自己能繼續學習，是一件非常幸福的事，所以他就決定跟隨張耀仁出征宜蘭。

葉顯堂與張耀仁一起開刀的經驗多不勝數，詢問他如何描述這位前輩的手術風格，他以四個字形容，就是「乾淨俐落」！而與張耀仁不拖泥帶水的個性非常相似。這位小師弟兼弟子同時也在大師兄兼師父的身上學到一件事，就是勇敢直前。他說，有時候病人的狀況非常不好，不開刀不行，開刀又有風險，有的醫師可能就會選擇逃避，但張耀仁卻一點也不畏懼，反而是告訴他們「做好萬全準備，做就對了！」這種無畏挑戰的精神也讓他非常佩服。

在醫學理論上，張耀仁的態度更是非常認真，葉顯堂說，當年大師兄赴日留學時，已經擔任主治醫師十幾年了，鮮少人到了這個階段居然還選擇去辛苦讀書，但他卻這麼做了。而且他還常常奉勸後進要多讀書，有空寫點學術論文等。一直到現在，他與張耀仁每年都在學術會議上碰面超過十二次以上，他笑說：「連老師都這麼努力，做學生的怎麼能偷懶呢！」葉顯堂補充，現代的醫學科技突飛猛進，醫師們一週要看診五日，已經非常勞累了，碰到週末假日還得去參加各種學術研討會，才能跟上時代的進步。張耀仁已貴為副院長皆如此，無疑就是後進們最好的榜樣。

有意思的是，當年葉顯堂選擇出走蘭陽平原，日後的發展竟然與昔日的張耀仁大致雷同。例如，張耀仁當時擔任博愛醫院副院長，葉顯堂現在也在那個位置上。甚至連他們倆的專長：消化外科與乳房外科也都一樣。他似乎是踏著的大師兄的步伐往前邁進。對此，他謙虛地直說不敢，但他回憶起當年張耀仁作為一名行政大主管的模樣，倒讓他頗有感觸。他說，擔任專業醫師與董事會之間的橋梁其實非常不容易，當時，張耀仁居中折衝、調和鼎鼐的功夫一流，經常要忍一時之氣，以退為進，但退不是放棄，而是等待時機、長期抗戰。對於張耀仁的耐性與堅持，凡事不求一次成功，只求在進退之間逐漸接近目標的做法，葉顯堂非常佩服，並在側眼旁觀裡獲得了許多成長。

張耀仁的個性溫文爾雅，不爭不奪，連恩師陳楷模教授都為這名弟子因性格不夠強悍而無法表現得更為耀眼而抱屈，但看在葉顯堂或其他後進的眼裡，這位人格崇高的大師兄，顯露的其實是另外一種霸氣。亦即他只為捍衛下屬之權益而霸氣，不為捍衛自己之權益而霸氣。私底下大家形容張耀仁就像一個「避雷針」，永遠站在制高點，替大家遮擋電光火石。而這種表現才具備了霸氣的實質內涵，也才令人打心底地敬佩啊！

慈濟醫療志業副執行長郭漢崇：他是有十分實力說七分話的人

花蓮慈濟醫院泌尿部主任兼婦女泌尿科主任郭漢崇，也是慈濟醫療志業的副執行長，他與慈濟的淵源就來自於同窗張耀仁。郭漢崇與這位老同學在大學時期同宿舍同寢室了六年，在花蓮期間，不但是同事，還是鄰居，常常聚在一起聊天、運動，關係非常密切。郭漢崇憶道，當年他是以臺大醫師的身分支援花蓮慈院，他發現東部不但好山、好水、好空氣，即使年輕的醫師也昭樣病人很多，這些阿公阿嬤又喜歡鼓勵年輕人，他們總愛說，「這麼年輕，就這麼厲害！」讓他身為醫師的價值感倍增，所以當張耀仁一招手，他就決定離開臺大醫院，到花蓮開創自己的志業。

他與張耀仁的緣分很深，畢業後，從臺大醫院到花蓮慈院一直一塊兒共事，張耀仁在宜蘭博愛醫院那段時間，他也去支援。他們倆就像是一對搭檔，當張耀仁的病人有排尿問題，或郭漢崇開刀碰到了腸子而難以下刀時，就彼此求援、互相協助，兩個人的感情就如兄弟般親密。

在他的眼裡，張耀仁個性木訥、務實、沒有心機、不會算計，與身邊美麗浪漫的妻子比較起來，這位老同學形同一名呆頭鵝。郭漢崇笑說，大學時，這位老實的同學不太會追女生，但突然之間就有了一位美麗的女朋友，當時大家都笑他「恬恬吃三碗公」。在工作上，張耀仁是很好相處的老闆，他不太會斥責人，也不容易發脾氣，碰到問題，至多的反應就是搔搔頭，感嘆地說：「靠北，一起收拾殘局吧！」就此而已。

張耀仁的生活很單純、不特別講究吃、不到處去旅行、對人寬厚，不吝惜稱讚別人的好，更不會嫉妒別人的成就，「在我們的同學裡，許多人貴為院長、校長，他的心態總是與有榮焉，真心為別人高興，非常的不容易。」在手術臺上，他屬於務實保守的人，不做冒險的事，一切按照SOP流程而中規中矩，所以這樣的人也不容易有醫療糾紛。

不過，依照郭漢崇對這位老朋友的了解，張耀仁的外表雖安靜，卻不代表他的內心沒有想法、不想作為，「他的內在還有一顆澎湃的少年心！」只可惜他的個性太謙虛，不愛多說話、不擅長表現自己，而且做多少說多少，有十分實力只講七分話，「這樣的人對比現代的職場，顯然是吃虧的。」郭漢崇似乎頗為這位老朋友叫屈，而以此做為訪談的收尾。

前臺北慈院專科護理師顏好渝：為他效力心情很愉快！

在學校擔任護理人員的顏好渝，認識張耀仁十五年，在臺北慈院還一度擔任他的專科護理師達六年之久，與這位老長官非常熟稔。專師的角色就是醫師的小祕書，當醫師忙著開刀或看診時，她必須代為巡房、整理病歷，同時協助處理一些病人事務，而一位專師通常要同時兼顧兩三位醫師。

這當中，顏好渝最敬佩的就是張耀仁醫師，她形容這位長官和藹可親，凡事好商量。她請產假時，被迫暫離工作崗位，換作其他的醫師，請假的人未必就能再回到原來的職位，張耀仁卻很支持她，絲毫沒有給她這樣的壓力，而令她備感溫暖。

她笑說，張副院長的個性很可愛，氣度很大，與其互動時，偶爾虧虧他，張耀仁也不以為意，因此與他一起工作，心情非常輕鬆愉快。顏好渝舉例，張耀仁經常去電詢問她病人的近況，這位調皮的專師就回答他：「拜託張副不要一直來電，不然人家會以為我是你的小三！」張耀仁便報以一陣大笑。碰到病人爆量，自己累壞時，顏好渝偶爾也會嚷嚷：「張副，以後可不可以不要收那麼多病人！」他也不生氣，還反過來安撫她：「妳們辛苦了！」這位經驗豐富的護理師說，可別以為每位醫師對於護理師的辛勞皆報以感恩之心，有些醫師會對護理師的付出視為理所當然，亦因如此，才更凸顯出張耀仁待人寬厚之珍貴價值。

最讓顏好渝感動的是，這位副院長對病人非常關心，如果一名病人化療了一半突然消失了，他會要求專師去電詢問，必要時還會請社工來協助。碰到不寬裕的病人又需要高價的自費藥物時，這位像爸爸般的好醫師還會拜託專師向供貨廠商討價還價，即使難度很高，他還是不放棄地勸說，「再去試試啦，妳一定辦得到啦！」碰到不容易安排的檢查，這位醫師態度亦復如是。習慣站在病人角度思考，為病人爭取福利的張耀仁總以柔軟的姿態，堅持的態度要求下屬，而讓為他工作的人不得不使命必達啊！

壺腹癌病人林桑：跟著救命恩人一路轉院

林桑是張耀仁在宜蘭博愛醫院的病人，當時他年僅三十九歲，因為腹疼，到處求醫，卻沒診斷出來個端倪，直到一九九九年遇到了張耀仁，才知道罹患了壺腹癌。這種癌症很罕見，癌細胞觸及的範圍擴及胃、胰臟、十二指腸、膽管的連接點，手術涉及多項器官而工程浩大。印象裡，那場手術總共開了二十二個小時，林桑則在博愛醫院住了八個月之久，幸虧當時他還年輕，體能仍足，硬是挺了過來。

林桑說，自己雖然罹患重症，但當時傻傻的，搞不清楚自己病得有多厲害，事後才慢慢理解事態的嚴重程度。後來他因其他的毛病就診，別的醫師聽說他曾罹患壺腹癌，頗為震驚地表示，得了這種病大概都活不過五年，但從生病迄今，林桑已經活了二十年了。他感恩地強調：「張副是我的救命恩人啊，我多活的這些日子都拜他所賜啊！」

亦因如此，不管是張副換到哪家醫院，他都跟著跑。他說，「只要會坐車，去哪都不遠。」他現在每年必定回診一次，要從羅東搭車至新北市新店的北新路，再轉搭接駁車至臺北慈院，看一次病總要花掉一整天的時間。但在他的眼裡，這是去見救命恩人啊，只要能活著，還怕什麼麻煩！而且像他一樣，跟著張耀仁一起轉院的病人還為數不少，他知道的起碼就有十幾個。大家都不辭千里定期來報到，抱定了一輩子都要跟著這位名醫跑的準備。這二十年間，他也將這位好醫師介紹給許多其他的朋友，沒有一個人不對張耀仁大加稱讚。

這麼多年來，他從張耀仁處得到了許多健康知識。他說，自己年輕時為了賺錢，沒有時間觀念，生活秩序亂七八糟，現在的他知道規律作息、流汗排毒的重要性，所以，除了工作以外，每天還到茶園做四個小時的志工，讓自己從勞動裡排汗。現在的他活得很健康，生活很規律，對自己的身體充滿信心。他說：「我唯一能做的，就是以貢獻社會作為我對張副的報答！」

林桑稱讚這名好醫師個性特別的細膩。當年他開完刀，躺在加護病房時，張耀仁一天總要來探望個四、五趟，在迷濛昏沉間，隱約聽到他再三地提醒護理師，「這個病人開了大刀，一定要多加注意啊！有什麼事，要馬上來電！」當時他雖無法言語，對主治醫師視病如親的態度真是點滴在心頭。

開刀的那年，林桑的孩子才讀小學，後來孩子長大了，也進了醫學院，他們再去打聽張耀仁，聽到的都是一片讚許。有一回，林桑去照核磁共振，醫護人員也笑著對他說，是「張一刀」開的刀啊！原來張耀仁的手術聞名，連同業都給了他一個這樣的尊稱。林桑直說，當年能在一家地方醫院碰到一名這麼好的醫師，實在是自己的運氣啊！

林桑也留意到張耀仁在看診時極富耐性，他總是親切地問候病人，連病人的太太小孩的近況都關心。林桑是一個江湖味十足，非常接地氣又真性情的漢子，他反覆強調，自己書讀得不多，但社會歷練豐富，別人是真的關懷，還是社交性的應付，他一眼就看得出來，而張耀仁對待病人的態度就是「真心」！但這個待人以誠的醫師又很客氣，無論林桑怎麼反覆邀約他來宜蘭作客，讓這名從事海產業的老病人也有機會宴請自己的救命恩人吃頓高級的鮪魚肚生魚片，這位醫師卻從來沒來過。

林桑說，張耀仁的病人很多，經常上午的門診要看到下午三、四點才結束，照理說，醫師應該已經很累了，應該巴不得趕快結束而加快進度，張耀仁卻不疾不徐、不慌不忙，一點浮躁的情緒、敷衍的態度都沒有。林桑又說，他在這位醫師的身上，看到了為「責任」而工作，而非為「金錢」而工作的美好價值啊！

林桑自認非常懂得察言觀色，他看到的張耀仁就是名老實人，他對待病人有問必答，而且不會老王賣瓜自賣自誇，就算別人給他戴高帽子，也不會得意忘形。像這樣一個不與人爭鬥，也不會佔人便宜的人，走到哪裡都擔任副座，他一點也不意外。他以為，張耀仁其實很有智慧，懂得如何自處。有句俗諺「浮起來的貢丸最先被撈起來」，而這種老二哲學的生活態度確實最適合一名溫良恭儉讓型的好人。對於他的救命恩人，林桑還有一段很有意思的描述：這位好醫師不缺錢，也不欠朋友，病人又都支持他；他在張耀仁的眼神裡看到了「快樂」兩個字，而這可是金錢與權力都買不到的人生財富啊！

胃癌患者林阿嬤：就怕這位好醫師會跑掉！

罹患胃癌三十餘年的林阿嬤是張耀仁在花蓮慈院的病人。這位老太太年逾八十，她隱約記得生病那年一直在鬧胃疼，陸續吃了許多藥仍不見好轉，後來連臉都變黑了，才求助於新開幕的慈院。慈院做了非常多檢查，有一次在內科作胃鏡，結果管子拔出來都是血，她就被轉到外科張耀仁那裡去了。

她在外科切除了胃，直接以十二指腸銜接食道。沒有了胃，飲食變成少量多餐，她的體重也從五十六公斤陸續滑落到四十三公斤，但從此就沒有胃痛的煩惱了。

她不只是胃拿掉，在更年輕時，子宮已經先拿掉了，之後又因膽結石引起急性膽囊炎，膽囊也切除了，結果她的腹部空空如也，再配上人工膝蓋，可以說是毛病一大堆。林阿嬤與多數的老年人一樣，搞不太清楚自己疾病的嚴重性，湊巧她天生想得開，不多想也不煩惱，反而造就了她的延年益壽。在抗癌的過程裡，她甚至於沒有哭過一次。她說，「會好就會好，不會好就算了！」就是一個傳統認命型的女人。

對於她的主治醫師，她形容，「很有愛心，對病人很關心，解釋得很清楚。而且幾十年來，從來沒有看過他發脾氣。」林阿嬤雖然不怕死，但她也承認，自己內心一度很擔心張耀仁會不會離開花蓮。後來這位充滿愛心的醫師真的走了，她對不斷地打針吃藥也出現了畏懼與厭煩感，索性就偏離正軌，連續好幾年都不回診，也不追蹤，直到出現骨痛症狀，才再重新回到醫院。幸好，張耀仁回來了，他固定在花蓮每個月都有一次門診，林阿嬤終於能再見到這位讓她安心的醫師。現在，張耀仁定期替她注射維他命B12，治療骨質疏鬆症，她也開始乖乖地回診，一切又回到令人安心的穩定狀態。

現在這位老太太每天傍晚走路一個小時，每週有一天在凌晨五點去鍛鍊一小時的外丹功，飲食清淡而簡單，她不做多想，日子一天一天過，竟也活到了這個歲數。她很感恩有位好醫師陪伴著她，日子才能這樣天天過。人有福報就能碰到好醫師，林阿嬤大概就是最佳範例吧！

第八章　義診的點點滴滴

從採訪張耀仁那一天起，義診就一直掛在他的嘴邊。他不斷地強調，因為在慈院上班而享有義診的機會，是為醫者最大的福報。

義診是治療心病的良藥

他之所以做此結論，係因醫師經常要面對生老病死，時間久了，有些人難免會麻痺起來，而對病人的痛苦視而不見。再加上醫師的工作又極其繁忙，過度操勞也會使得職業倦怠感逐漸嚴重。然而，張耀仁發現，義診是一帖良藥，它可以讓人們的心靈獲得重新調整的機會而為之回溫。他反覆強調，只要同仁陷入工作低潮，而出現情緒不穩定、容易抱怨、挑三揀四、姿態高傲、缺乏工作熱情等現象，他就推薦這個人去參加義診，幾次回來，整個人立馬煥然一新，所有的負面情緒皆一掃而光，而且其效果之好，十餘年來從未有例外。慈濟醫療志業的執行長林俊龍甚且直接下了一個結論，「哪個醫師脾氣不好，就去義診吧！」義診就像是最有效率的心理治療，可以拯救所有人的心病。

張耀仁表示，義診的原則是參加者都必須以自己的假、自己付費參與，但奇特的是，只要慈院舉辦義診活動，幾乎所有的同仁都很積極響應，絕少有誰推拖拉擋拒絕參與，而且無法抽身的人還會表達遺憾，羨慕別人可以去呢！張耀仁以為，由此可見，人性裡皆有為善之本性，大家都希望能藉由自己的專業幫助他人，並從中享受助人之快樂。偶爾他與非慈院的同業交流義診之事，對方亦泰半會投以羨慕之眼神。對於這一點，「身為慈院的一分子，確實比其他人更具福報啊！」

但這些義診活動真的只有慈濟人或人醫會的成員可以參加嗎？張耀仁的答覆是：絕非如此！慈濟所舉辦的義診活動，對於志工部分的要求，確實是非受證委員不可，因為志工需要接受專業訓練，並非人人可為；但在醫療人員部分，受限於專業人士數量有限，就沒有那麼嚴格了。只要有心，並樂於遵守慈濟義診團體的人文與規範者，皆可向屬於慈濟基金會發起的「國際慈濟人醫會」報名參加。

只要有心，就可報名參加

在慈濟義診團體裡就有許多非慈院的醫師或其他宗教信仰之醫師，他們因為認同這個團體而成為固定的成員，多年後也都成為充滿默契的好夥伴。張耀仁列舉一位來自新加坡的整形外科醫師馮寶興，經常在各種海外的義診活動裡處理兔脣問題。這位仁兄當然不在慈濟醫院上班，他只是名充滿愛心，樂於在假日付出行善的好醫師。張耀仁經常在慈濟海外的義診活動裡與他重逢，兩人見面時總會聊上幾句，頗有一股惺惺相惜的味道，那是一種無法言喻的善緣，令人格外珍惜！

因助人而得福，也發生在志工身上。據說，慈濟志工裡也有一些身價不凡的人，她們是股票上市公司的董娘，養尊處優生活在雲端裡。這些貴婦每天的責任就是挑衣服配首飾、上美容院護膚做頭髮，然後打扮得漂漂亮亮地出門應酬。有些董娘甚至被要求，如果身上裝扮沒有超過一百萬，不能參加應酬。但加入慈濟之後，這群貴婦為了參加慈濟活動，清晨就要趕到機場集合，妝自己化、頭髮自己梳，還必須天天穿制服。到了窮鄉僻壤，碰到牆壁發霉的房間、髒得睡不了的床、沒有門的廁所、長滿蛆的茅坑，簡直就是震撼教育，但也照樣要適應，沒有任何禮遇。最讓人佩服的是，就算慈濟的海外慈善活動這麼辛苦，這些本性純良的董娘師姊們，通過了磨練也放下了身段，下一回還是願意繼續參加。這就是證嚴法師對皈依弟子的教導，請志工們直接到苦難的現場，親眼看看，用心體會，親手布施，對災民給予直接的膚慰關懷，志工們因為見苦知福，更珍惜自己所擁有的一切。

醫護也是一樣，到了義診現場，看到災民受苦，貧窮但樂天知命，在義診現場遇到的病人，他們可能是這輩子第一次看醫生，就算現場檢查設備不足，藥品不完備，開刀房簡陋，醫護還是全力治療，甚至請當地慈濟人協助病重者轉診到大醫院，再由慈濟補助後續醫療費用。要離去前，每一位團員都希望他們所投入的這次義診，不會是這群病人最後一次看醫生的機會。參與義診的成員都在義診過程獲得了成長，感受到助人的意義與快樂。張耀仁說，證嚴法師經常提醒大家要「知福、惜福、再造福」，其實只要經過義診賑災活動操練個幾次，就再也不會視為空泛的口號了，「所以參與這些活動，最後收穫最大的人是自己啊！」苦難眾多，醫護悲心啟動，回到醫院自然對病人更有同理心，更能放下身段，以柔軟的耐心與包容心，關懷病人與家屬。

攤開張耀仁的義診資歷，真是燦爛繽紛，僅僅海外就多達八次，在臺灣義診的次數更是數之不盡。他展示了一大堆義診時的紀錄影像，早期的都還是照片，後來的則轉成了影像，僅能用電腦欣賞。他就以圖片說故事，一張一張地描述了那些精彩的人生片段。

一九九九年的貴州羅甸冬令發放

二十年前，一九九九年的「貴州冬令發放」對於慈濟別具意義，因為這次是慈濟第一次在大陸舉辦大型冬令發放活動，大陸當局雖耳聞慈濟善名，態度依然十分謹慎，沿路皆派有公安隨行，他們既是保鏢，保護運送發放物資的車輛安全，另方面也是一路關心，了解慈濟團隊的行為是否符合規範。張耀仁猶記，同行的師兄師姊們私底下還會被詢問，「你真的是志願參加的嗎？是真的自己出錢來的嗎？」對於當時的大陸，他們還無法相信有這麼多人會自費自假、不抱目的而行善呢！

貴州是非常貧窮的省分，慈濟一行人先落腳貴陽，再行車七、八小時抵達山區的羅甸。張耀仁說，唯有親眼目睹才明白何謂「地無三里平，人無三兩銀」，一路上視野所及都是貧瘠的土地，環繞的群山也盡是石頭而難有農作，根本就不適合人們居住！

剛開始慈濟人一度想替他們做水窖，灌溉農田，後來發現連地下水都很有限，忙了半天效果不彰，證嚴法師才決定乾脆直接遷村，並為之籌辦烏灣慈濟小學。最後就在大陸官方提供土地，慈濟幫忙免費蓋房、設立學校，但不涉入經營的合作模式下，讓這些百姓遷移至土地較豐饒處，也算解決了生計就學等根本問題。

住在羅甸地區的居民多是回苗擺夷等少數民族，令人震驚的是，雖說是「少數族群」，數量竟也超過了百萬人口。他們的外型矮小，相貌輪廓明顯的與漢族有別，整個人看起來烏烏黑黑的。但為了迎接慈濟人，這些少數民族都穿起了最漂亮的傳統服裝。因為慈濟志工的到訪是當地的大事啊！

慈濟的這場冬令發放是針對羅甸旱災來的，當貧瘠的土地遇上天災，真的就民不聊生了。慈濟的發放，事先都會收集災民名單與家戶人口來決定物資的數量，民眾在發放前就會拿到通知單，然後依照通知單上的資料，發放符合數量的冬衣、鞋子、沙拉油、米糧等，一連數日人潮洶湧，領物資的隊伍排得老長，很多人是趕著騾子從前一天夜裡就出發了。村民多半由當地的領導帶著，整個村子一起趕來，由於泰半以上都是文盲，而且全村子幾乎都同姓，事先提供發放通知單可以安定人心，讓大家知道自己一定領得到物資，現場就不會有為了排隊順序導致情緒爆發等衝突發生。每個村子都有一個標示村名的牌子，在村領導發號施令下乖乖地集體行動，當領導下令蹲下時，這些老實的鄉下人就噗通地一聲全蹲下了。

志工心疼到躲起來哭

因為來人實在太多，在這個節骨眼，醫師們也不可以高高在上地冷眼旁觀，而必須跟著一起幫忙。在慈濟團體裡，醫師也形同志工，哪裡需要人力，就要到哪裡去補位，慈濟人文強調眾生平等，醫護絕不會因為自己是專業人士就翹二郎腿，然後看著別人忙進忙出搬東西。張耀仁說，每奉上一次物資就要向對方彎腰合十說感恩，那一次連著發放了三天，他連腰桿都痠了！領到物資的百姓非常高興，也以九十度的彎腰鞠躬，表達內心的謝意。

最讓張耀仁不忍心的是，在發放的過程裡，總有群孩子等在旁邊，只要那些盛裝物資的箱子一出清，他們就搶著帶回去。聽說他們是要拿這些紙箱子作宿舍臥鋪的睡墊，藉以禦寒。由於學校與住家距離太遠，羅甸的許多孩子是住校的。因物資過度缺乏，縱使在大冬天裡，這些孩子也只能睡在冰冰冷冷的硬木板上，連個床墊都沒有。令人驚喜的是，這些孩子都很好學，住校的夜晚皆在埋首夜讀，他們的學習成績在貴州偏鄉小學裡稱得上首屈一指。亦因貧窮，孩子們讀書多以蠟燭為光，有些人窮到連蠟燭都買不起，只能借著別人的燭光讀書，少數條件好一點的，才有手電筒可以使用。還有孩子在寒冷的冬天裡打著赤腳來排隊，志工們非常不捨，心頭發酸，有的師姊實在忍不住了，發放到一半就躲起來拭淚，等哭完再回頭繼續發放。那回在分享心得時，所有人的結論都是：能生活在臺灣，實在太幸福了！

一間空蕩蕩的衛生所

慈濟賑災團做事非常細緻與周全，在發放完的第二天，慈濟人還組隊到村子裡家訪，以確認發放的物資是否真的到了村民的手上，同時也藉此多了解村民生活的實況。為了避免探訪的是被篩選過的樣板，連家訪的對象，慈濟都堅持自行挑選。張耀仁說，那些家庭都貧窮到家徒四壁、茅茨土階的地步，他們以板子或是樹枝為牆，冬天裡寒風刺骨，屋子裡也是上雨旁風的，讓人看了非常不忍。

醫師來到村上，自然要替村民進行義診。張耀仁特別去參觀當地的衛生所，並在受訪時展示了那張令人瞠目結舌的照片。二十年前所謂的當地衛生所，其實也就是一間空蕩蕩的房間，什麼也沒有。據說，好點的地方還有張鐵製的床架子，但沒有床墊，這樣的衛生所當然無法用來動手術，也沒有藥品，僅有的就是一位受過簡單醫學訓練的赤腳醫師。透過翻譯，張耀仁在那次處理了一些皮膚病、筋骨病、眼疾或外傷的傷口發炎的病人。一張手部血肉模糊的病人在接受治療的照片正說明了這個過程，那張圖讓人不忍卒睹，如果沒有張耀仁的到訪，其後果將不堪設想啊！

二〇〇一年：內蒙古的物資發放與義診

二〇〇一年九月，張耀仁又有機會參與慈濟「內蒙古義診」，當時由於內蒙古邊境管制特別嚴格，尋常團體皆不得入內，正因慈濟形象非比尋常的好，在各地賑災發放皆不涉政治或傳教，僅單純的行善又不求回報，對當地帶來極大幫助，當局才會破格答應。

如果沒有羊，就什麼都沒有了！

這次的行動是因應內蒙古連續三、四年旱災而來。因為缺雨，牲畜失去賴以維生的牧草，牧民的生活也就跟著無以為繼。張耀仁說，「在草原上，牧民的財產就是羊，羊奶可以喝、羊肉可以吃、羊毛可以賣、羊皮可以做成衣服或製作成蒙古包，羊的排泄物則是燃料，如果沒有了羊，牧民就什麼都沒有了！」

一位牧民說，「我們不會種地，不會幹別的活，只會牧羊。如果我們家的羊混入別人的一千頭羊裡面，我還是分得出來哪些是咱家的。」但自己家的地無法養羊，就只好去「走場」，租別人家的地養羊。一位內蒙的在地官員對此無奈地表示，「牧民沒有羊，等於農人沒有農地；牧人的羊需要到別人的草場去吃草，就等於是要飯了！」在當時全旗的牧民在旗內走場的佔百分之八十；走到旗外的也有兩百戶，共計有十幾萬頭牲畜。這個走場可以一走就走到天邊，一位四十六歲的婦人帶著三個兒子和一個媳婦，從格日勒敖都蘇木走場到南邊的都呼木蘇木。這家人一年多來都在走場，南北來回就走了三百公里，獨留大兒子一家待在老家而不得團聚。

土默特左旗境內居民主要是來自山西、陝西的移民後裔或已經漢化的原住蒙古族居民，當局後來改採定點放牧制度，有些人已經不適應逐水草而居的日子。一名六十一歲娶了蒙古姑娘的漢族牧民一家三口只剩十五頭羊，一天只吃一餐，他說：「走場，身邊沒有家人，這有多壞啊！」他寧可守在家裡繼續熬下去。

可悲的是，根據當時地方官員的評估，就算明年起風調雨順，也要再經過五年，草原才可能逐漸復原，這場苦日子恐怕不會在短時間內結束，而這對於已經生活窘迫的牧民無異是雪上加霜。

這些慘況，讓慈濟前後出動了三個梯次的救援隊伍，張耀仁的隊伍也是其中的一梯。他們先從北京搭機抵達內蒙古自治區的首府呼和浩特，然後再轉往距離邊境僅三十公里的「土默特左旗」及「蘇尼特右旗」兩縣的十個偏鄉進行物資發放與義診活動。張耀仁說，經過漢族大量的移入，內蒙古已經是一個人口兩千萬的區域，但真正的蒙古人只有兩百萬人。首府呼和浩特的人口約兩百萬，它的地理位置就在北京之外，飛機一小時即可到達，距離包頭的車程也不過七、八小時，所以呼和浩特的資源並不虞匱乏，真正的災區是在遠離都市的大草原裡。

前進草原，沿途盡是牲畜骨骸

當慈濟的車隊駛向那一望無際的大草原時，張耀仁觸目所及，沿途都是牲畜的骨骸，草原荒蕪，一片乾涸，視野所及僅有一條沒有盡頭的長路。但在這兒，除了殘骸還有其他的。張耀仁說，半路上為了小解，大家下車後就男左女右各往一邊，尋找小坡凹地自行解決。就在此時，距離張耀仁腳邊不遠處，一塊閃閃如玉般的美石吸引了他的視線，讓他忍不住撿起來欣賞，原來這裡處處是瑰寶，到處有色彩斑斕的漂亮石頭，是一個不需要開採，就有滿地奇珍異石的天然寶庫啊！讓慈濟志工大開眼界而嘖嘖稱奇。

慈濟人為災民帶來的是三個月份的麵粉、食用油與醫藥箱，還提供義診服務，張耀仁就與當地受過正統醫學訓練的蒙古大夫一起看診。這群蒙古大夫可不是俗諺中的密醫，他們都是內蒙古榮譽軍人康復醫院的正規醫師，內蒙的醫療制度採取的是蘇俄制的，中西醫教育俱全。張耀仁憶述，草原裡的醫療資源不足，許多人生了病就拖著，所以一聽到有義診活動，皆歡心喜地趕了來。

不過，當時來義診現場的病人必須經過領導核准，所以很多人無法前來看病。義診結束，張耀仁等醫師帶著簡易的醫療箱進行家訪與往診，到部族裡去找病人，看診的地點就設在當地活動中心或小學。

張耀仁說，當年草原沙漠化很嚴重，否則這裡草兒長，馬兒壯，可遠比土壤貧瘠的貴州要富庶得多了。有意思的是，當地人也不再人人騎馬了，終究養馬太昂貴，而不如買一部摩托車就跑遍了整個大草原更為上算。那裡的蒙古包也讓他覺得新奇，地上鋪的羊毛氈非常溫暖，居家擺設不管是豐富或簡陋，都是一家人擠在一座蒙古包裡住。而且人人家裡都掛著一幅成吉思汗的畫像，反映了牧民們緬懷先祖的精神。

由於經常遭遇伸手不見五指的沙塵暴，加上水源有限，很少沐浴，牧民多半患有眼疾，如砂眼、結膜炎與皮膚病。牧民入睡的習慣是直接在蒙古包裡打地鋪，雖然與黃土地隔著一層羊毛氈，長期貼地的腰背仍易生風濕性關節炎。罹患膽囊炎的病人也不少，幾乎佔就診者的兩成以上，因為牧民的飲食多肉少菜，膽汁分泌不足就引起了炎症，飲水裡多雜質就產生了結石。張耀仁也在那裡做了簡單的外傷治療，一位老牧民湊巧被鐮刀傷了手，在沒有麻醉的情況下，就直接縫合。正當張耀仁忙著穿針走線時，老牧民臉上竟絲毫未有半分痛苦，反倒流露出終於獲得救治的安心，牧民在艱困的處境裡已練就不可思議的堅忍性格，令人既佩服又心疼啊！

終生難忘的「那達慕」豐年祭

內蒙最讓張耀仁念念不忘的，就是為了歡迎慈濟人而舉辦的「那達慕」盛會。「那達慕」就是蒙古大草原的「豐年祭」，通常在每年七、八月間舉辦一次，藉以慶祝風調雨順、六畜興旺。由於連連旱災，距離上一次的那達慕已相隔四年，而今蒙古各旗的牧民都興奮了起來。

提起那達慕，張耀仁也容光煥發了。「那達慕」就像一場運動大會，有摔角、賽馬，以及慈濟與牧民各自組隊的拔河大賽。活動開始，當地小學生組成了鼓隊、旗隊與喇叭手隊伍，慈濟團員就跟著參賽選手在敲鑼打鼓的樂聲裡一起繞場一周，揭開了序幕。

摔跤是最令張耀仁稱許的活動，據說這就是日本相撲的源起了。那一日，力士們袒胸露背披掛著五顏六色的彩帶，以左右搖擺的「雄鷹之姿」進場。張耀仁搜索著記憶，也拱起了雙臂比畫模仿著。據說，摔跤選手每贏一場，即可在身上多結一條彩帶，身上越繽紛的人越戰績輝煌。張耀仁談起那一場由六十四位選手，經過兩兩淘汰完成的「原始相撲」競賽樂不可支，他收藏著一張與兩位選手的合影，拿出來獻寶的模樣就像孩子般地興高采烈。

賽馬是那達慕的另一個焦點，這個活動是小朋友的專利，因為孩童體巧身輕，有助於馬匹馳騁千里。當這些十歲出頭的孩童們一人一匹馬，從一望無際的大草原的遠方奔馳而來時，頓時塵土飛揚瀰漫天際，人影逐漸擴大，馬匹逐漸清晰，人與馬就混著塵土瞬間凝結為壯觀的剪影，從而烙印在張耀仁的心底！

拔河活動是壓軸好戲，慈濟隊採取自由報名，參賽的都是一群未經訓練的「滷肉腳」。但觀戰的牧民顯然很偏心，不但現場為志工們惡補，多數人還一面倒地替慈濟人加油，興許是對方刻意放點水，慈濟人也真切地表現了同心協力的賣力精神，結果志工們竟意外地贏得這場賽事。平心而論，在這場比賽裡並沒有誰以「力氣」取勝，慈濟志工是以一片赤忱與滿心大愛贏得了牧民們的「友誼」啊！

二〇〇二年：印尼當格朗萬人義診

在印尼舉辦的義診活動，張耀仁前後去過兩次，第一次在二〇〇二年的「當格朗萬人義診」，第二次是二〇一三年的「巴淡島義診」。

「當格朗萬人義診」是為雅加達的紅溪河水患而發起的，這場大水患造成住在河畔的數千名民眾無家可歸。慈濟印尼分會執行長劉素美在水災發生的第一時間，就帶領當地慈濟志工投入救災。因連續二、三個月的救災行動都無法結束，她返臺向證嚴法師報告，證嚴法師才提出以「五管齊下」救災的指示。所謂的五管就是「垃圾清理、抽除汙水、消毒噴藥、義診活動及興建大愛屋」，而張耀仁就是在這個指示下前往災區的。

張耀仁說，去了災區，才知道紅溪河畔其實就是雅加達底層階級的違章建築區，很多屋子是高架在河上，一家老少擠在小小的空間，吃喝拉撒全仰賴著這一條河，紅溪河就成了一條非常髒亂與污濁的河流。當水患發生時，上流的垃圾與污泥隨著大水沖刷而下，堆積在岸邊，讓居住在違建裡的人們處境更加淒慘。

以大愛精神化解緊張關係

印尼華人與在地印尼人的關係一直不好，一九九七年亞洲金融風暴，印尼二億人口半數淪為貧民；嚴重的貧富分配不均一度引起底層印尼人的反彈，而在一九九八年發生雅加達「五月暴動」，使得在地華僑人人自危。證嚴法師曾針對印尼的排華問題昭告印尼的慈濟人：「頭頂著人家的天，腳踏著人家的地，應取之當地，用之當地。」「唯有愛，才能消弭仇恨，撫平傷痕。」所以當時的慈濟印尼分會也在臺灣慈濟的支援下，發放十萬份米糧予維安軍警和貧民，緩和印華衝突。爾後，當地慈濟人便持續舉行大型的義診與發放，改善貧民生活。

二〇〇二年印尼再發生了嚴重的紅溪河水患，在慈濟印尼分會的奔走與協調下，許多重量級的華人企業家紛紛挺身而出，頓時感動了不少印尼人，這場「當格朗萬人義診」就是這項救災行動裡的其中一項成果。

這場「五國聯心」大義診舉辦於二〇〇二年四月十九日至廿一日，地點在雅加達當格朗 Rs Qadr 醫院，參與的醫護人員有來自臺灣、新加坡、菲律賓、馬來西亞、印尼的二百一十七位慈濟人醫會成員，是當時慈濟國際人醫會（TIMA）跨國合作陣容最龐大的一次。張耀仁說，慈濟的操作模式都是採「就近原則」，哪裡發生了災難，就先動員當地的志工，若有不足，再從附近的地區或國家調動。所以這次的聯合義診，皆以東南亞的人力為主。這場義診活動一連三天，受益病人超過一萬兩千人次，規模非常龐大。

義診服務項目包含牙科、內科、眼科等，現場也同時進行白內障、疝氣、小腫瘤、兔脣及甲狀腺等外科手術。其中的疝氣、兔脣，以及甲狀腺手術，還安排了全身麻醉。對於遠地趕來的貧民，細心的慈濟志工甚至為他們解決住宿與交通問題。在大型義診裡，由於人滿為患，手術是一檯接一檯，醫護人員幾乎沒有喘息的機會，而對外科醫師的體力更是嚴格的考驗，張耀仁說，「即使在臺灣也鮮少如此勞累啊！」

義診次日，醫療團隊也不得閒，他們兵分兩路，一組前往雅加達當格朗縣的鄉下往診，為兩千多位村民提供醫療服務；另一組則前往北加西縣進行物資發放，受惠的村民多達五千戶。

一場大水患改寫了慈濟在印尼的歷史

令人意想不到的是，因為這場大水災促使慈濟展開一系列長期慈善計畫，進而促成慈濟在當地的大規模發展，從而改寫了慈濟在印尼的歷史。這個改變是從整治紅溪河、舉行義診開始，為了安置災民，慈濟印尼分會開始籌建大愛村。「金卡蓮大愛一村」、「紅溪河二村」迅速落成，一千七百戶家庭因此安家落戶，沒有後顧之憂。為了照顧村民健康，印尼分會又在村裡設置「慈濟義診中心」，結果連鄰近居民都來看病了。義診中心遂於二〇〇六年改制為「印尼慈濟大愛專科醫院」。亦因有這所醫院的營運經驗，印尼分會計劃在雅加達志業園區再籌建一所「慈濟綜合大型醫院」，並已於二〇一五年動土，預計在二〇二〇年完工，屆時，這家醫院將成為慈濟唯一在海外的大型綜合醫院，也將是印尼首家可以施行骨髓移植手術的綜合醫院。張耀仁指出，印尼慈濟醫院設有五百二十八張病床，是取之當地，用之當地的典範啊！

為了解決大愛村裡孩童的教育問題，從二〇〇三起至二〇〇九年間，慈濟印尼分會又陸續在大愛一村興建了包含小學、中學、高職在內的「印尼慈濟大愛學校」；二〇一五年又於雅加達志業園區創建一所硬體設備完善，教師來自不同國籍的「印尼慈濟學校」。二〇〇七年，印尼大愛電視無線臺陸續在印尼雅加達、棉蘭開播，提供充滿正面關懷、淨化人心的優良節目與戲劇。

無法想像，一切就從整治一條紅溪河開始，就此展開了慈濟在印尼的慈善、醫療、教育、人文四大志業的發展。張耀仁回憶起當年參與的紅溪河義診，真是覺得與有榮焉啊！

二〇〇四年：越南茶榮省義診

張耀仁參與的越南義診活動約在二〇〇四年十一月間。從一九八六年起展開一連串革新開放運動的越南，於一九九〇年開始允許外商進駐，慈濟的種子就隨著臺商的步伐一起進入越南，並逐漸在當地落地生根。

當時的越南才剛開放，共產社會氛圍仍在，舉辦任何大型聚會活動仍嫌敏感。越南慈濟人是經過長年努力，不遺餘力地舉辦各種慈善活動，逐漸累積起越南政府對慈濟的信心，才能獲得越南政府許可舉辦大型的義診活動。回顧這段歷史，第一場大型義診是在一九九八年，而張耀仁參與的是二〇〇四年的「茶榮省義診」，則屬於第六次的大型義診。

這次活動，慈濟越南分會結合東南亞慈濟人醫會共同舉辦，總共動員三百餘位醫護人員，其中花蓮慈院就有三十位醫護人員跨海協助。張耀仁一行人抵達的時間正好是十一月十二日「醫師節」，當日他們從胡志明市再轉巴士到兩百五十公里外的茶榮省，隔日再於茶榮省沿海縣縣立普通中學進行三天義診，之後又深入貧困家庭進行往診。

在那次義診活動裡，越南分會透過茶榮省紅十字會的提報，資助了八名心臟病童開刀經費、兩百四十名患者陸續進行白內障手術，服務的病人多達三千八百多位。同時，也和紅十字會合作，對兩千四百戶貧困家庭發放米油、毯子、蚊帳等用品及現金。令人喜出望外的是，越南分會為了這三天義診，預計召募當地志工一百二十人，沒想到消息發布後反映熱烈，不但湧現了非常多捐贈物資與善款的人，還有人請假來參與，而使志工人數暴增為兩百五十五人。

這是一次非常成功的義診，然而曾親身參與的張耀仁，回顧此事卻頗為傷感，因為他看到了戰爭的殘酷。已經結束二十九年的越戰，後遺症在這次的義診裡被凸顯出來。張耀仁說，越戰使用的落葉劑化學戰污染了水源，進而在數十年後，依然造成許多水腦症或其他重症的畸形孩子。一位前來看診的男孩已經十四歲了，身高卻只有一百一十五公分、體重二十三公斤，他的雙眼凸出，容貌怪異，任何人看到他都忍不住倒退三步，連他自己親生的母親都承認，當初連餵奶的時候，看到這張臉都覺得害怕。他是一位受落葉劑影響的先天殘疾者，而在他的家庭裡，十三個手足只剩七個活著，另外還有兩個跟他一模一樣的受害者。短期的義診當然沒辦法把這樣的病治好，讓張耀仁到現在都帶著遺憾。他補充道，越南不似貴州或蒙古，是因先天環境不良而導致貧窮，越南土地豐饒，是世界的米倉，卻因政治因素迫使百姓貧寒，這樣的遺憾不就更強烈了。

在張耀仁的影像紀錄裡，還有一位昏厥的老婦人，原來這位六十二歲患有心臟病、肺炎的老太太，因為沒吃早餐又徒步三小時來看診，就突然昏倒過去，把醫護人員與志工都急壞了。可憐這位老婦貧病無依，病魔尚未發威，人已經先被飢餓及疲累打垮，多年以後張耀仁回憶起這段往事依然心頭發緊。

二〇〇八年：大陸四川賑災義診

二〇〇八年五一二川震撼動了全世界，在震後的第五十小時，慈濟人就已抵達現場救災，並陸續在德陽羅江縣、什邡市、綿竹市等三縣五市，設立定點的服務關懷站。從五月十四日起至八月二十五日止，慈濟以每週出發一個梯次的頻率，接替輪番上陣，前後總共動員了十七個梯次八千二百六十六位志工，幾乎是全世界動員人數最多、投入時間最長的救災團體。進入重建階段之後，慈濟又為六所學校、九所寺院興建組合屋，並陸續援建十三所學校、九十一戶永久住屋，而創下慈濟在大陸救災動員規模最大的案例。

張耀仁在七月七日抵達重災區洛水鎮，他描述這段經歷很傳神：房子坍塌成一片，有的全倒，有的半倒，鎮上一片狼籍，所有的災民只能夜宿在公園裡。學校突然塌了，有的學校甚至是一整個年級的學生幾乎全部往生，想像一個鎮裡某一個年齡層的孩子瞬間都沒了，是多麼可怕的事情啊！為了即時掩埋，孩子都化成一坯坯緊鄰的黃土配上小小一塊寫著編號或名字的石塊。孩子們走了，媽媽們也不想活了，許多學生的屍骨不全，到處都是哭孩子尋死的母親。

類似的景況也出現在慈濟檔案的歷史照片裡，一位隨著慈濟救災隊一起前往的攝影師蕭耀華以鏡頭記錄了一張四川什邡紅白鎮中心小學的災後面貌，頗具震撼力。在這張照片裡，佔據畫面三分之二的是蒙著塵土、散落滿地的書包，隨著書包視覺一路往上延伸，一排崩塌的教室就在不遠處，幾位解放軍正抬著擔架匆促而過。這些書包還在，但書包的主人安在？什邡紅白鎮與汶川相隔一座大山，直線距離不到一百公里，紅白鎮中心小學兩百餘個學童超過半數在這次地震裡罹難。洛水鎮也位於什邡市，張耀仁的口述因此多了一個視覺的佐證與補充。

據說，在這場災難裡，四川省二十一個市州有十九個市州遭受不同程度的創傷。重災區的面積就超過十萬平方公里，幾近三分之一個臺灣的大小，災區幅員之大簡直難以想像。由於重災區已無法居住，張耀仁等一行人就住在綿竹市的漢旺鎮，每天再行車一小時抵達什邡市的洛水鎮去參與救災。

在地小志工加入行善行列

慈濟人在災區，不只提供熱食、物資，因為擔心災區有流行病，也拉管線供水讓災民露天洗澡，維持衛生。慈濟的帳篷就緊鄰著災民的帳篷，趕來洗澡的百姓為數眾多，特別不容易維持。此外，定點的義診或是當天往返的往診也屬慈濟的服務範圍，吸引來許多有疑難雜症的民眾。一位曾經參與義診團的慈誠師兄事後筆述道：很多四川鄉親半夜兩三點就出發，不辭千里地走了兩三小時才抵達張耀仁副院長駐紮的洛水永興公園站，這位慈悲的副院長特別裁示，盡一切可能、盡最大努力來圓滿他們看診的心願，所以他們每日的服務量高達四百二十人，遠超出平均值。這位慈誠師兄是一位藥師，當年在永興站服務的兩位藥師連續六天，每天服務四百多人，實在是一個很大的考驗！

四川百姓鄉音濃厚，溝通不易，這個時候，鎮上一些倖存的孩子就派上了用場。這些小朋友既然無法上課，就整天尾隨在慈濟人的後面，充當志工的翻譯或醫師的小助手，為慈濟賑災幫了不少忙。這些在地小志工與慈濟人日夜相處，情分日濃，而人們在災難裡建立起來的感情又特別的真摯，所以當慈濟人要離開時，大人小孩皆依依不捨地哭成一團。張耀仁提供幾張拍攝在「圓緣」惜別晚會上的照片，正說明了小志工與慈濟人的這段情誼。這些在地的孩子列隊三排表演，其中一名小男孩調皮地仿效變臉，逗著大家哈哈大笑。後來，小志工長大了，有的也加入了慈濟團體，成為在地的慈濟人。

慈濟的人文精神備受推崇

一部追蹤川震小志工的影片記錄了當年的小志工長大後的近況。一名就讀西南醫科大學的陳龍表示，當年他看到慈濟人的救災行動深受感動，立志長大也要當一名救人的醫師。他說，許多志工都有一定年紀，完全可以在家裡享清福，但他們為什麼要出來做這些事？他忍不住去追尋答案，而這個答案則讓他找到了生命的價值，所以他一心效法，也要成為這樣的人。陳龍在二〇一八年也正式成為慈濟人，他笑說自己身上的那件棕黃色背心衫，尺碼從M穿到XL了！

樊彩雲也是當年的小志工，她現在已經是一名老師，提起當年的那一段，她哽咽著說，「十六歲的我看到了除了洛水以外很美好的世界！我很想念當年那些師姑師伯。」、「慈濟人教會我善良，對待別人要尊重。我永遠記得師姑師伯告訴我，給別人發熱食時要用雙手遞給別人，雖然我們在做慈善，也要讓災民感覺有尊嚴。」

慈濟在四川的表現，已經讓當地人意識到，他們要向慈濟學習的絕非僅是救災的專業而已，「慈濟的人文精神」更是當地慈善機構、甚至普羅大眾努力效法的對象。張耀仁說，在社會主義國家裡，慈善工作都交給政府負責，一般百姓的習慣就是自掃門前雪，但這套行為模式卻在慈濟人的示範裡獲得了反省，許多民眾開始體會助人為快樂之本的精神，進而將慈濟的行善模式在地化，落實為深入民間的普世價值。當時，張耀仁還在洛水鎮看到當地學生在告示板上張貼「感謝臺灣，謝謝慈濟」之類的感恩標語與文章，那是一種單純的人與人之間的友善關係，著實很令人感動啊！

或許慈濟人與洛水鎮的緣分特別深厚，因為賑災，慈濟在當地培養出一群志工，地震後，這些志工就長期駐守於洛水，並於二〇〇八年從急難救助站正式轉為慈濟服務中心。社區志工也開始進行訪貧、環保等慈善工作，而讓慈濟文化真正落地深耕了。慈濟在四川援建的十三所學校裡，洛水鎮就佔了三所，即洛水幼兒園、洛水小學和洛水中學。這些學校，有教室、宿舍、食堂、風雨教室和操場，質量可觀，以四川話形容就是「巴適」，意指校園「很豪華、很大器」！洛水小學的校長權少強在校舍落成時很得意地笑著說，「看到學校蓋得這麼漂亮又提供食宿，孩子三餐有人照顧、安全有人看管、學習又有老師督促，父母肯定都要把孩子送到這裡來了！」

對岸救援能力已一日千里

在這次賑災裡，張耀仁觀察到，當地政府對於救災已經比過去更有能耐，反應動員的能力也自有一套。他說，該有的帳篷、開刀房等設施應有盡有，一些樂於付出的慈善機構、團體一應俱全。由於災區範圍過大，他們甚至安排一個省負責一個災區，用分工的方式救援災民。在馬路上，張耀仁經常看到標示來自各省的救援車隊，而這就是幅員大、人口多的優勢，動員起來的力量可觀，方圓幾百公里的災區都能獲得照顧。

那一次，一位志工受傷住院，為了探病，張耀仁特別去了華西醫院一趟。他發現這座擁有上千床，被評定為最高等級的三甲醫院的醫學中心設備頗佳，開刀房、加護病房、病房等設備齊全，運作也很周全，把病人照顧得很好。而且這家醫院還有能力自行搭蓋臨時的行動醫院，裡面可供電，有冷氣與各種監控儀器，也能緊急開刀，這些設備還很輕盈，容易搬遷，也算讓他見識到對岸醫療水平的進步。

亦因如此，張耀仁意識到，未來恐不易再有機會參與貴州、蒙古或四川之類的救災義診了，昔日對岸或許是經驗不夠或災區範圍太大，才需要外力支援，但現在他們也有自己的救災總會與救災制度，其成員也被訓練得越來越精進。在維護國家顏面與尊嚴的前提下，未來再有天災人禍，自身動員就能應付，而未必需要再向外求援了。也因此，他再次體悟為何證嚴法師經常提醒大家要把握因緣，任何事皆有因緣，機會來了就應該立即把握，否則就算來日想付出，也未必能成行。

二〇一三年：印尼巴淡島義診

印尼素有「萬島之國」之稱，位處環太平洋地震帶上，擁有多座火山，地震、海嘯、火山爆發等大小災難頻傳，是慈善機構很適合發揮的所在。慈濟印尼分會非常爭氣，經過他們多年的努力深耕，至二〇一三年張耀仁再次抵達時，慈濟人已經在這裡開花結果，而擁有常態的義診活動了。

這次的義診在十月十一日至十二日間舉辦於巴淡島，這是慈濟印尼分會連續第五年的大型義診，醫療人員分別來自印尼、新加坡、臺灣三地，共一百四十人。其中臺北慈濟醫院的醫療團隊一行九人，在趙有誠院長的領軍下前來，而且他們是一下飛機就直奔義診現場，立即換上手術房的無菌衣就開始工作，對於病人的救助分秒必爭。

這次的義診項目主要是外科與眼科，其中不少是需要動手術的，所以手術區又直接分為三組，分別是白內障組、疝氣組、唇顎裂與腫瘤組。張耀仁等人就是負責最後這個區塊。一位被左臉上的腫瘤困擾了八年的病人，對這次手術充滿期待，他的疾病雖不會被危及性命，卻因為沒有錢動手術，讓他連戴頂安全帽都不方便。他滿心歡喜地前來，沒想到卻因為遺漏了家屬簽名而無法動手術，這位病人急如熱鍋上的螞蟻，透過志工不斷地聯絡，先找到他的弟弟，再說服其弟之老闆予以准假，才順利解決了問題。另外一位被父母帶來求診的十五個月大的嬰兒，患有嚴重的兔唇。小小孩初到陌生環境不適應，再加上術前空腹引發的飢餓感，造成他不斷地啼哭，也是前後動用了好幾位志工安撫，才順利完成手術。嬰兒的爸爸說，當初醫師說孩子太小，不能動手術，但就算可以開刀，家裡也拿不出錢啊！現在慈濟幫他們解決了困擾，讓他們喜出望外。

在這些義診裡，辛苦的還真不只是醫師們，志工們也是十八般武藝樣樣俱備，從事前聯繫政府單位核准活動，尋找場地、準備器材物資、物資運送、安排大團隊交通食宿等等，到義診當天的現場布置、秩序維持、引導帶動、陪伴解決各種像是代哄孩子、扶持行動不便者、幫忙尋人等疑難雜事，每一樣大小事務都有賴志工協助。除此之外，來自印尼不同小島的這群志工，先陪病人抵達現場，再帶著病人接受手術前的體檢，接著安排病人住宿、解決供餐問題，手術之後還要給予兩至三天的術後照顧，才將病人安全送抵家門。

難怪趙有誠院長說，這樣的照顧、對生命尊重之態度，就算以好幾個「非常」，皆難以傳達其內心感動的程度。張耀仁則直說，病人表達謝意的態度，已到達令人印象深刻的地步了！然而，面對這樣的醫師與志工，病人又如何不言謝呢！同樣的，醫師面對生活苦難但滿懷感恩的病人，不但記憶深刻更是充滿感恩，感恩這一生難遇的義診經驗，讓他們找回了當年為何想要行醫的初發心，也就是聞聲救苦的醫者本懷！

兩天的義診總共服務了三百七十二位病人，每一個病人都帶著一個故事來到巴淡島，醫師則是改變他們人生的貴人。當醫病之間捨棄了利益，回到最單純的人與人之間的關係時，展現的就是人性裡最善良與慈悲的那一面！

巴淡島義診已行之有年，當年的河馬男孩諾文迪就是在巴淡島義診挖掘出來的個案。張耀仁感慨萬千地強調，印尼雖曾發生排華暴動，但絕大多數的印尼人個性溫和，是一群非常和善的穆斯林。亦因他曾多次親訪該國，而清楚地知道那裡土地豐饒、資源豐富，但許多人民卻生活得辛苦，令他頻頻搖頭嘆息起來。幸而慈濟在當地已落地生根，且寄望印尼慈濟志工能持續地付出關懷，改善貧病家庭的困境。

二〇一四年：大陸河北的冬令發放

大陸河北的冬令發放是慈濟北京志工負責的，主辦人之一就是張耀仁的病人曾云姬。河北冬令發放活動持續舉辦超過十年以上，發放的地點是名列國家級貧窮縣的易縣、淶源縣等。即使是例行性工作，主辦單位依然辦理的非常嚴謹。在二〇一四年的那一回，正式發放的時間是十二月三十日至次年的一月五日，但準備工作卻從三個月前就展開了。志工們先行進行家訪，走訪河北省保定市淶源縣南馬莊鄉等五個村子，在搜集了各種相關資料，做妥事前準備後，才將醫護、志工、物資等大隊人馬帶往發放地區。據說，在淶源縣進行的訪貧工作，遠自二〇〇六年就已經開始。

張耀仁參與的發放地點在淶源縣，古代屬於塞外地區。這兒雖位居邊塞，倒也非崇山峻嶺之地。在這樣的地理條件下，若兵不強馬不壯，邊防很容易就緊張起來，張耀仁因此在這兒見識到大量的古長城。古意盎然的紅色城牆盤踞在高低起伏的山稜線上，在青蒼的石頭山嶺的映照下不斷往前延伸，這條承載著歷史包袱的紅色蜿蜒線就這樣指向了蕭瑟的蒼涼大地，別具一股寂寥淒冷的美感。「古詩詞裡的『風蕭蕭兮易水寒』的塞外風光，指的就是這裡吧！」張耀仁有感而發。

這裡土地貧瘠，農作歉收，但在地理位置上，距離北京又很近，幾小時車程即可抵達。張耀仁說，慈濟做慈善的態度非常務實，在挑選有待耕耘的福田時，一定量力而為，一些天荒地遠之處若無特殊因緣接引，暫不考慮前往，而是以志工的安全性與發放的可行性作為前提。而眼下的易縣與淶源縣正巧就不太遠又很貧窮。

張耀仁等一行人在淶源縣連續發放與義診了三天，之後又進行家訪與往診，提到這裡，張耀仁想到了一個真實發生的經歷，頓時笑開了眼，原來在進行家訪時，一位貧困的老婆婆居然詢問一位慈濟師姊：「閨女，鬼子走了沒有？」原來這位避居鄉野的老人幾十年來都活在自己的世界裡，以致「不知有漢，無論魏晉」啊！他們是一群與外隔絕，只問莊稼的農民，單純到讓張耀仁在啼笑皆非裡又帶著一點心疼！

一個冬令發放夠吃一年了

在這位人醫拍攝的成堆影像裡，我們看到了那些扛著米、油、鹽、麵粉、大米、棉被、棉襖的農民們，個個綻露著笑意，在他們粗糙皺紋的臉龐上記錄了生活維艱的刻痕，也透露著他們知足常樂的心態。同樣的發放活動也在易縣舉辦過，一位易縣鄉親對志工說：「這些精糧夠吃一年了。有了這些物資，辦年貨就不用再借錢了！」所謂的精糧，就是大米與麵粉，用它們混上綠豆、黑豆、黃豆等做成麵，或混上玉米粉做成麵團，就足夠吃上一整年。過年時，這些貧困的家庭甚至還能因此吃上一頓白麵餃子呢！亦因如此，有些老人看到慈濟人送來的這些白麵大米時，都感動地哭了出來。

張耀仁說，現在富裕的大陸人為數不少，在對岸做慈善，有愛心又經過訓練的志工才是最迫切需要的。這次在淶源縣的冬令發放時節，正逢天寒地凍，張耀仁一腳踏入雪地裡，小腿就被埋住。在這麼冷的地方往返義診，可以想像有多麼辛苦，採訪至此，也忍不住對慈濟人長年的義行深感敬佩。

有一張照片是義診結束後，張耀仁與其他的慈濟師兄師姊們擠在一個炕上取暖的鏡頭。每位慈濟人皆笑逐顏開，他們身後的牆上則張貼著一張靜思語：「青山無所爭，福田用心耕。」這群慈濟人就是以這樣的心情，在如此惡劣的環境裡享受助人的快樂吧！

二〇一五年：尼泊爾賑災勘災醫療團

二〇一五年四月二十五日十一點五十六分，位於喜馬拉雅山脈下的尼泊爾，發生了芮氏規模七點八的世紀強震，這場地震是尼泊爾八十年來最大的地震，死亡人數超過八千人，受傷人數難以估計。慈濟基金會在地震隔日立即出動了首批勘災醫療團，其中包含趙有誠、簡守信等慈濟醫院的院長與另外兩位主任級的醫師在內。由於災區景況嚴重，慈濟的賑災隊伍前後共出動了九個梯次，六十四位醫護人員，而張耀仁則是第三梯次的領隊。

前進尼泊爾備受周折

張耀仁說，在這次的救災行動裡，連抵達救災的現場都充滿了考驗。首先，臺灣與尼泊爾沒有邦交，連有心救災都不方便，最後慈濟是經由其他管道協助才順利進入。好不容易救災隊伍終於出發了，卻因從世界各地趕來的救援團體太多，急著離境的旅客也數量驚人，加德滿都的機場頓時陷入一團混亂而處於時關時開的狀態。許多救災隊伍的班機根本無法降落，有的飛機在尼泊爾南部空中盤旋了好幾個小時，才能降落；也有的直接被迫飛往泰國，再輾轉入內。

抵達加德滿都的周折還不止於此，據說，地震後的加德滿都陷入一片混亂，第一梯次的勘災醫療團因為之前入住的旅客沒有班機可以離開，旅館訂房被臨時取消，而讓第一梯次的成員必須沿路找住宿。張耀仁不是開路先鋒，躲過了這個波折，卻遇到其他的考驗。他們住在飯店的八至十樓位置，因為停電，大夥被迫抬著醫療器材上樓，之後再用手電筒開會。

停電的事也發生在手術臺上，因為與當地醫院合作，醫師們有幸在手術房裡開刀，卻因為停電而被迫拿著手電筒開刀，連看 X 光片，都必須倚著玻璃窗借助室外的光。沒電也罷，最恐怖的是在帳篷裡為病人進行清創手術時，張耀仁必須空出一隻手來趕蒼蠅蚊子，否則治療根本進行不下去。在忙進忙出的同時，醫療團隊還必須忍耐空氣裡不時傳來的屍臭味，因為附近坍倒的建築還來不及開挖，裡面不知道還埋著多少無辜消逝的生命呢！

切身感受地牛再翻身

但災難並沒有因此而停止，就在五月十二日，張耀仁又經歷了尼泊爾第二次大地震。那一日，他在距離加德滿都一小時車程的巴克塔普衛生所進行義診，突然樹上的烏鴉鳥雀傾巢而出，飛滿天際，幾秒鐘後就天搖地動，爆發了七點三級的大地震。當時，尼泊爾的民眾有的驚聲尖叫，到處竄逃；有的趴在地上拜求，淚流滿面；一位抱著孩子的母親則倉惶無助地站在空地上放聲大哭。古城區裡的房子應聲倒地的轟隆轟隆聲不絕於耳，空氣裡到處塵土飛揚。排隊就診的人龍頓時散了，大家都急著趕回家了解災情。一輛軍方挖土機突然駛了進來，送來一名全身癱軟的婦人，原來她是因為過度驚訝而暫時休克，慈濟人也迅速從混亂裡穩定下來，立即施救。

張耀仁展示著螢幕上的相片，一張正是那位暈倒的婦人，她清醒後癱坐在行軍床上，滿面愁容，神情呆滯；另一張是一位穿著傳統服飾的女性，她哭喪著臉滿手鮮血，正接受慈濟醫護人員為她縫合傷口；還有一張是張耀仁每天往返必經的一棟城間屋舍，地震後已是一片混沌，半邊化為塵土。他說：「出門時這棟房子還好好的，回程時已經坍塌成這副模樣了！」城市裡到處是帳篷，似乎已經沒有人敢繼續住在房子裡。趕去救災的人親身體驗了大地震的威力，也更深切感到災民的無奈與創傷。連素來沉穩的張耀仁憶述起這段往事，也迭聲說道：「真是好可怕啊！」

連番豪雨患難見真情

就在第二次大震的前一晚，災區也不安寧，適逢尼泊爾雨季，一陣狂風暴雨夜襲災區，許多災民的帳篷傾倒。當晚夜宿飯店的慈濟志工們徹夜不得好眠，擔心醫療站的帳篷能否支撐得住。沒想到隔日抵達，竟安然無恙，後來方知，原來是當地災民冒著風雨守住了這裡。災民們表示：「我們整夜不敢睡，死命拉住四根帳篷的柱子，全身都濕透透，就怕慈濟的帳篷飛了，這些醫療用品一起毀了……。」這些話聽得志工們感動得掉下眼淚，所謂患難見真情，慈濟人與災民都已經連成一條心了！

即使賑災的日子充滿不可預期的驚險，在尼泊爾期間，依然讓張耀仁度過了一次難忘的浴佛節！五月十日，慈濟人就在災區為尼泊爾鄉親舉辦了浴佛典禮，並一連三天為近七千五百戶受災鄉親進行大型物資發放。當日的儀式簡單隆重，除了災民，也有附近佛寺的僧伽與佛學院的學生前來參加。雖然那天張耀仁身上的醫師袍已因救災而顯得髒汙，但在那一排點綴著鮮花的素雅長桌前，他的心靈格外的清淨，能在佛陀的故鄉與災後重生的難民一起慶祝佛陀的誕辰，是一件多麼殊勝的人生經歷啊！

搶救一位褥瘡病人

在這次的救援裡，還有一件事留在張耀仁的心底，就是一位嚴重的褥瘡病人芊迪。無論是張耀仁自己的影像紀錄或是慈濟的檔案資料裡，都有她的故事。

三十二歲的芊迪因患有腦水腫，長期癱瘓臥床，她本已有嚴重的褥瘡，又逢天災疏於照護，病情更雪上加霜。當慈濟發現她時，她滿身的褥瘡已深可見骨，因腐臭不堪，讓周圍的人紛紛走避。慈濟人擔心芊迪隨時可能引發敗血症而危及性命，決定撥出一組人力，為芊迪進行清創治療，張耀仁就是那位負責處理大面積清創的醫師。

這樣的清創工作連續進行了好幾天仍嫌不足，慈濟人又奔走醫院，在這個混亂的時局裡，費心將之安排入院，並出資聘僱看護照顧她。這樣的關懷長達了一個月，芊迪仍不敵感染而撒手人寰。由於以接力方式照顧她的慈濟人數量頗眾，芊迪幾乎成為參與那批救災的慈濟人的共同記憶，當大家一想起她來皆感傷莫名。

世界救難組織齊聚一堂

尼泊爾多高山，飛機的救援成為重要的工具，張耀仁在前往山區賑災時，就在二千公尺的山區看到不少救災飛機，從尼泊爾的軍機到美國富商的私人小飛機皆有。他也見識到來自世界各國的救難組織，他們的國名都標示在救災帳篷上，有日本、挪威、韓國、日本、中國、西班牙、捷克，也有聯合國的。其中有的非常專業，還以行動醫院應援。

這些團體的共通點，就是皆選在災情最嚴重的時刻來到，救災時間長則一兩週，短則三、五天即宣告結束。尤其是一些私人救援團體更是如此，他們是一群熱心的善心人士，在朋友一聲吆喝下就行動了，採取的是英雄式、救急式的救援，來匆匆去匆匆，應急完畢即行撤離。而這種做法與慈濟所採取的長期戰、團體戰的模式截然不同，更凸顯了慈濟賑災團難能可貴且與眾不同的價值。張耀仁也在那裡碰到臺灣其他的慈善團體，例如臺灣路竹會，同鄉們見面就互相加油打氣，充滿了歡喜心！

二〇一八年：斯里蘭卡義診

二〇一八年張耀仁又有機會來到斯里蘭卡參加義診，時間在七月十三至十五日，地點在斯里蘭卡的卡魯塔拉區巴都拉里亞社區醫院，距離可倫坡大約一百公里。這裡是斯里蘭卡的貧窮地區，許多民眾是徒步一個多小時方才抵達，而使義診的現場大排長龍。

這次義診是慈濟基金會在斯里蘭卡舉辦的第十一次義診，斯里蘭卡義診起源於二〇〇四年十二月二十六日南亞大海嘯在此處造成重大災難，超過三萬人往生。多國慈濟志工於災後第四天（十二月三十日）即進入南部重災區漢班托塔（Hambantota）設立醫療站。爾後因為地緣關係就由新加坡慈濟人醫會接手負責義診帶動，這一回又加入了臺灣慈濟人醫會，成員多達一百五十八人。三天義診服務超過四千一百人次，手術也高達二百七十一人次。

在這次活動裡，新加坡團隊非常用心，他們的先遣部隊不但先來打掃，也將開刀房所有可攜帶的設備皆帶來，包括止血刀、手術房內的冷氣、遮陽設備等。義診現場共分五區，有外科、內科、眼科、牙科與中醫。

一天十幾臺刀馬不停蹄

在張耀仁所屬的外科部分，每位外科醫師每天皆已排定了十幾臺刀而處於馬不停蹄的狀態。張耀仁指出，手術房其實就是剛清理完畢並消毒過的倉庫，放手術器械的架子則是堆疊起來的紙箱，大家就是以克難的方式就地取材，靈活應變。這裡當然沒有無菌包或監視器等設備，但醫師們經驗豐富，就算因陋就簡，也照樣完成了所有的任務。

張耀仁強調，「要在如此簡易的設備下一口氣進行這麼多的手術，非常不容易。」然而，一張他面露微笑，拿著腫瘤與病人合影的鏡頭，卻說明了這位挑戰極限的外科醫師，工作雖然辛苦，心情卻很愉快，成就感也很高！張耀仁提到，很多病人的腫瘤或皮膚上的小瘤都是一、二十年的痼疾，雖不是大毛病，卻造成生活上大困擾，他們能藉義診之利不花一毛錢就徹底解決，內心都非常高興。許多病人在爬下手術臺後，是以雙手合十，甚且頂禮膜拜，對醫療團隊表達感謝呢！

重回大愛村，參觀慈濟中學

南亞大海嘯後，除了應急的義診發放與帳篷提供之外，隔年慈濟基金會在東南沿海鄉鎮漢班托塔援建了大愛村，提供了六百四十九戶大愛屋給災民。之後又在大愛村裡設立國立慈濟中學、職訓所與診所，並在二〇〇八年五月全部完工後，移交給當地政府。難得舊地重遊，張耀仁就隨慈濟義診團一起拜訪了國立慈濟中學。目前這所學校約有一千三百位學生，校長辦學很用心，升學率在漢班托塔七所國立學校中排名第二。看著那些滿面笑容的活潑學生與慈濟人的合影，可以感受慈濟在海外播種的苗芽已然茁壯。義診常常只是一個起步，老吾老以及人之老，幼吾幼以及人之幼，才是慈濟最終之目的啊！

臺灣的義診多不勝數

張耀仁參與臺灣的義診的數量，幾乎多不勝數，八八水災義診、南方澳賑災義診、每年固定舉辦的冬令發放、針對偏鄉如平溪、瑞芳、貢寮等處的義診，以及遊民收容中心的健康諮詢、臺北火車站的外籍移工義診等，皆有其身影。此外，碰到一些緊急災難，如空難、塵爆、氣爆、遊覽車翻車等，若有需要，他也是說走就走。幸好醫院有完善的代班制度，醫院裡也有緊急的義診包，讓醫師們可以提著就出發，讓在慈濟醫院工作的醫師們只要有意願，個個都擁有豐富的義診資歷。

張耀仁指出，因為臺灣有完善的健保制度，相較於海外，臺灣義診的規模就小得多了，除了特殊災難以外，義診對象大多是繳不起健保費用的貧民或居住偏鄉、行動不便而走不出來的原住民，也有一些是街友或外籍移工，才會需要義診的協助。張耀仁笑說，偏鄉義診的地點常在風光明媚的山區，對於工作忙碌的醫師來說，參加這類義診還帶點上山踏青的味道，心情其實非常愉快呢！

義診後，還有志工做追蹤

在臺灣義診處理的疾病也多半是不需要手術的疾病，若真的碰到大病，他們的做法都是在代繳健保費後，將之轉介至附近的大型醫院，而在義診當下處理的，多是一些簡單的外傷或內科疾病，也有皮膚病或需要拔牙等小毛病。醫師真的常做的反而是衛教，指導這些病人如何吃藥，如何保健等。如果是為街友安排的義診，有的甚且會搭配一些免費剪髮的活動，而讓義診的活動不只是義診。

張耀仁強調，在臺灣義診最大的優點是，他們所做的就是單純的看診，從前面的家訪、造冊，到後面的長期關懷與追蹤，都有無所不能、人數龐大的慈濟志工幫忙，讓醫師們沒有後顧之憂。而這種情形與海外義診時人力不足的情況完全不可同日而語，參加海外義診的醫師常常還要參與發放。像在尼泊爾時，醫師晚上回到旅館還要負責整理隔日要使用的藥箱，補充藥品；在菲律賓海燕風災賑災時，發放的前一晚，醫療團隊則要幫忙數現金，一個人當好幾個人用。

回顧張耀仁參加過這些不計其數的義診經歷，他忍不住讚歎，慈濟在賑災上的專業首屈一指。慈濟的賑災行動非常縝密而專業，不但每個功能組都有專人處理，而且有完整的SOP流程，救災的計畫是從救難到後續災民的安置都包含在內，非常的周延。出發前，連行李打包的方式、人力的分配、物資的規劃、物資重量的計算、天候變化都經過精密的沙盤推演，抵達當地，還要思考物資發放的動線，以防止暴動及意外的發生。團隊裡不會有閒人，因為每位團員都肩負多重任務，動員起來充滿效率。

別以為這個團體太大，做事不易有彈性，以尼泊爾賑災為例，當第一批勘災義診團發現骨折病人很多，晚幾天出發的第二團出動時，就帶上由跨院區慈濟骨科團隊備妥的醫材與器械，這是第一團醫師利用社群通訊軟體傳回的需求。慈濟勘災團充分利用現代通訊科技，調整與補充當地急需的物資與器材。

由於慈濟對每項救災投入的人力與物力皆不小，賑災的內容與規模也相當龐人，所以凡事皆以安全為優先，「慈濟的作風是穩紮穩打，『猛』絕非慈濟之風格！」張耀仁說。

而且慈濟團體無論是在臺灣或是海外，賑災或義診皆團進團出，沒有觀光也沒有購物行程。慈濟紀律嚴格，以免節外生枝引發危險或破壞慈濟形象。據張耀仁說，有一次貴州的冬令發放，路經之處距離黃果樹大瀑布也不過三十公里，但大隊人馬依然沒有遲疑而棄之腦後。就這樣，路程每經過一次，一車子的人就嘆氣一次，但嘆息歸嘆息，大家都知道有任務在身，即使與名勝美景擦肩而過也是在所不惜啊！

身為慈濟賑災成員，備感榮耀

回顧曾經參與的那些豐富的賑災歷史，蒙古的遼闊、貴州的奇石、尼泊爾的險峻山勢、斯里蘭卡的南國情調……，各處皆有風情而成為張耀仁生命裡不可抹滅的一段記憶。他說，只要義診所及之處，他對那塊土地就多了份特殊的情感，事後再聞及當地新聞，便忍不住多看幾眼。偶爾也會想起某年某地曾醫治過的某位病人，而心生牽掛呢！

對於人生裡這些特殊的義診經驗，張耀仁選擇以尼泊爾的那一回作為總結。那一次，就在慈濟人登機後，航空公司意外插播了一句：「歡迎慈濟救難隊伍前往尼泊爾救災！」當時機上旋即揚起一片掌聲，旅客們紛紛對他們表達了敬意。身為慈濟成員，張耀仁真是備感榮耀，更具使命感了。而這份美好的體認亦將終生陪伴著他，成為他最引以為豪的珍貴回憶！

第九章　做一個讓別人、也讓自己幸福的人

張耀仁個性低調，幾乎所有認識他的人，對他的形容都是穩重寡言，沒有是非，鮮少談及私事，也不議論別人的八卦。像這樣一位重視隱私的人，聊起自己的私生活自然也是簡單扼要。

夫妻鶼鰈情深，感情甚篤

張耀仁有位作家太太——高自芬女士，她畢業於臺大中文系，寫得一手好文章，婚前當過高中國文教師，也曾任職醫師公會全聯會擔任《臺灣醫界雜誌》主編。婚後離開職場，專心相夫教子，並努力經營自己的文學生命。宜蘭博愛醫院副院長葉顯堂稱讚這對夫妻鶼鰈情深，經常形影不離。當醫師們在國外參加醫學會議時，張夫人也隨行，先生們開會，太太們旅遊，回去

後，張夫人就發表了長長短短的遊記，讓葉顯堂閱讀後好生羨慕。

正因為夫妻倆伉儷情深，無論張耀仁的事業版圖如何挪移，張太太都是以夫為尊，亦隨之遷徙，當張耀仁到日本滋賀醫科大學留學、赴美國麻省總醫院短期受訓，皆夫唱婦隨，一路相伴。而她更以生花妙筆記錄了自己的心情故事，也為張耀仁不同的人生階段留下諸多生活剪影式的精彩片段。

家有一位「愛美」的夫人

這對夫妻的家庭生活，據說幾乎都是在閱讀、音樂、電影、花藝裡度過的。曾獲得多項文學獎的高自芬，愛書成癡，書房幾乎都是她的地盤。夫妻倆居家常常沉浸在家中那套老音響流洩的音符之中。旅居日本時，還曾連袂去欣賞當年的「搖滾公雞」洛．史都華（Rod Steward）、「勁爆小子」小林旭的演唱會，男高音帕華洛帝、柏林愛樂來臺時，他們也一起去聆賞。在京都期間，張太太除了照料家人生活起居，還抽空去京都池坊插花學院進修，接續已在臺灣學了十數年的花道，鑽研深造。並將在報端發表的花藝專欄集結為《花顏歲時記》插花筆記，捐請慈濟文化出版，深獲好評。

之後還陸續出版了《表情》、《吃花的女人》散文集，以及《太魯閣族抗日戰役》（合著）等。多年來，一邊操持家務，一邊筆耕不輟的張太太陸續獲選梁實秋文學獎、時報文學獎、蘭陽文學獎、花蓮文學獎、葉紅女性詩獎、基隆海洋文學獎，及國家文化藝術基金會散文與小說創作補助，二〇一九年更以〈花人〉一文獲選林榮三文學獎散文獎。張太太筆耕的文字花園，漸漸繁花盛開。

張耀仁說，新婚時，老婆大人經常半夜醒來驟然發現枕邊人不見了，二十四小時待命的外科醫師，往往半夜接了電話就得走人。加上自己的工時很長，工作繁忙，實無力朝夕相伴，他很高興有這樣一位具備獨立個性，懂得安排自己生活的妻子，並對妻子追求文學、藝術之美的興趣大為鼓勵與支持。

熟悉這對夫妻的伍超群醫師，幾乎是與他們一起長大、一起變老的老朋友。在他的印象中，高自芬是位頗為浪漫的氣質美女，而張耀仁則是個一板一眼的「呆頭鵝」。伍超群猜想，張耀仁或許頗為激賞並羨慕妻子擁有自己所缺乏的浪漫才情吧！而張耀仁自己的說法則是，學科學的人理性而務實，學文學的人浪漫而感性，兩個人正好可以互補而相互平衡呢！

一個充滿人文素養的家庭

「旅行」是張耀仁繁忙醫務之外的休閒生活重頭戲。他表示，家庭旅行最重要的節目，就是參觀美術館與博物館。畢卡索的展覽、達利特展、荷蘭畫家林布蘭作品展，以及波士頓美術館精彩的館藏等，都曾是他們旅遊國外時參觀的對象。他說，人文藝術的瑰寶對他的吸引力，始終遠勝於大自然的美景。張耀仁從小就喜歡美術、書法、運動與音樂，他是球隊的成員，也是合唱團的一分子，生活當中始終縈繞著文化與藝術的活動。

他強調，對於一名工作緊張的外科醫師，文化藝術活動對身心的調劑起了非常大的作用。他因此非常感謝父親從小給予他全方位的教導，所以他現在也以相同的方式教導自己的孩子，盡可能給予優質的人文薰陶，以提升其對文化藝術之鑑賞力。

這對才子佳人擁有一個男孩子，正所謂虎父無犬子，這位優秀的公子繼承了父親衣缽，成為新生代的外科醫師；同時也傳承了母親的才情，而擁有一副好文筆。張公子畢業於陽明醫科，目前正居PGY（畢業後一般醫學訓練）階段，在父親的薰陶下，相信未來會是另外一位令人刮目相看的「張一刀」。實際上，在這個家族裡也不只這對父子是外科醫師，張耀仁的親弟弟也是外科醫師。但這位低調的副院長從來不提這件事，他笑著說，就是尊重各自的醫療服務空間，守好崗位，盡情發揮所長啊！

養生守則：強迫自己一定要休息

醫師的職責就是救人，目標是恢復病人身體的健康，而這名外科醫師工作如此忙碌，他又是如何對待自己的健康呢？張耀仁的說法是，由於工時很長，每天早上六點多開工，直至晚上七、八點才下班，所以他一定要強迫自己將工作與休閒進行對等的安排，否則絕對不可能久長。他指出，醫師的工作負荷很重，每週上班五日，假日又經常要參加學術研討會，吸收最新的醫學知識，慈院還有許多義診、環保、訪貧等不可缺席的假日活動，時間非常緊繃，所以適當的休息是必要的，當然郊外踏青或運動是最好的方式，但就算安排的是看電視或睡覺等較不營養的休閒方式，都比不休息好。「一個人絕不可以讓自己一直處於工作緊繃狀態而不間斷。」他反覆強調。

在飲食上，目前還沒做到百分百茹素，但盡可能讓飲食上偏重蔬菜水果，幸好慈院的餐廳都是素食，也讓他很輕易就達成了以素食為主的飲食方式。他同時也避免油膩油炸的食物，菸酒檳榔更絕對不碰。

在睡眠上，因慈濟醫院每日七點有志工早會連線，六點五十分左右要到院區，他盡可能十點多即就寢，隔日五點多即起床，張耀仁倒也因此養成早睡早起的好習慣。醫院很體貼，為高階主管在院區裡安排了家庭式宿舍，他的夫人能悉心照顧他的起居，所以他雖自責運動的頻率未如他向病人建議的每週至少兩次戶外運動，每次至少半小時，若能從一個月一次增加為一週一、兩次，會為更好，但好歹他的作息規律，飲食有節，心境上也知足常樂，所以六十多歲的他身體依然硬朗。

外科的未來是微創的天下

對於張耀仁，眼下他最關心的還是外科發展之前途。他對於外科的未來，做出幾項預估：第一，他相信在科技越來越進步的發展下，未來的外科手術會因為微創手術的加入而趨於精緻化。過去，開刀講究快速，以避免病人流血過量，但現在更重視手術的品質，寧可將傷口縫合得精準一點，也不要快一點。亦即未來的外科手術將會走向慢工出細活的道路，傷口會越來越小，但恢復時間卻越來越快；住院的時間愈來愈短，手術所造成的傷害也愈來愈低。

張耀仁說，在美國，因為住院非常昂貴，所以醫院附近旅館林立，病人就住在旅館裡，天天回診即可。即使是有保險的病人亦復如是。臺灣雖然有健保制度而不必如此，但縮短住院時間，讓急性病床充分利用，肯定是未來的發展方向。

第二，手術將只是治療的一部分，尤其是癌症治療，外科手術無法解決所有的復發、轉移等問題，而必須搭配標靶治療、化療、免疫療法，以及其他藥物，如荷爾蒙藥物一起治療，所以整合各種治療手段並靈活運用，仍將是治療癌症的未來趨勢。在各種治療方法的不斷進步下，他相信癌症未來會逐漸發展為慢性病，而不再讓人聞癌變色了。

第三，許多人預估大數據或ＡＩ（人工智慧）的出現會取代醫師的角色，但他相信，即使科技再發達，外科醫師的角色都不可能被取代。張耀仁連續列舉許多反證，例如，手術的當下瞬息萬變，每個病人、每個情況皆不同，而有賴外科醫師根據他豐富的經驗作快速的臨場判斷。再例如，儘管使用達文西或內視鏡，也需要外科醫師操作，沒有人在現場，就算有機器也難以為繼。此外，年紀大的病人進行化療時，碰到難以承受的處境，就無法照標準流程治療，而必須依個案進行調整。所以，外科醫師面對治療的過程千變萬化，絕非三言兩語的大數據就可以解決。

深受慈濟人文的影響

回顧過去種種，張耀仁認為自己受到慈濟人文的影響甚深。慈濟人文帶動的義診與居家訪視，讓他見苦知福，懂得感恩惜福；同時也讓他去了許多一般人不容易去的地方，長了許多見識；還讓他認識了許多具有慈悲心的師兄師姊，而有見賢思齊的機會。

最重要的是，慈濟人文的溫暖補足了醫療體制裡冷冰冰的人際關係，而使醫院也變得更有人情味。張耀仁說，醫師們長久生活在自己的象牙塔裡，對於病人的處境有時未必真的能夠體會到位，但慈濟人文期許的「全人醫療」，除了有完整的志工系統作為輔助，又引領新進的醫護人員到關懷戶的家裡打掃環境，當這些養尊處優、四體不勤的少爺小姐看到那麼糟糕的居住環境時，勢必會產生極大的衝擊，進而引發對弱勢民眾的悲憫心，而這對醫德的養成具有潛移默化之功效。

在張耀仁的病人檔案裡，曾有位夜市擺攤的獨居老婦，她的先生跑了，兒子在牢裡，自己已經乳癌末期，卻乏人照顧，連到醫院回診都有困難。張耀仁因此通知當地的師姊趕快前去關懷，並安排病人來住院。在他從醫幾十年間，類似的個案還不只一件，換作是其他體系的醫師，即使起悲心想幫忙病人，很可能因為缺乏志工資源，就算是於心不忍也無法即時協助啊！

付出其實是一種習慣

另外一個例子是有關於器官移植病人的照護。一般說來，病人接受完移植手術，成功穩定後，就可以回家休養，但慈院的「器官協調護理師」考慮特別周詳，在病人住院後與出院前，都找志工協助，定期到病人家進行居家訪視，看看環境是否乾淨，通風是否良好，碰到不合格的，還會拜託社區志工出動幫忙打掃。因為病人必須要擁有良好的生活環境，才不至於返家後，因為環境不佳而造成感染。

這些也就是慈濟醫院的特色，讓張耀仁耳濡目染地受到影響。他承認，一些醫師剛到慈院就職時會嫌義診耽誤了自己休息的時間或增加自己的工作量，但慢慢品嚐到助人的快樂，便開始認同與學習志工們無所求的付出精神，日久成習後，進而視義診為一件樂於從事的活動了。他後來也會鼓勵自己的孩子與學生們去做志工，或是有義診活動時前往幫忙，他強調思考模式也是訓練出來的，透過了身教、言教，及早建立下一代正確的思考模式，可以使年輕人更樂於行善與付出。

傳遞這種付出概念，張耀仁不僅對下一代如此，對病人也是如此。他曾經建議不愛運動，又罹患脂肪肝的病人去環保站做志工，結果這名病人真的去了，而且病情有明顯的好轉。因為這位病人在那裡活動了筋骨、晒了太陽、交了朋友、找到了成就感，心情變得很愉快，身體就自然好了！

這正是所謂的「先有施才有得」啊！而這與所有參與賑災與義診的人，

事後分享的心得皆是「自己才是最大的受益者」真是如出一轍！在慈濟醫院工作逾二十年的張耀仁，似乎也是這樣一位受益者，他將自己親身的經歷透過這本書陳述出來，是將一位外科醫師從醫一輩子的心得透過文字做了最懇切的報告，希望給有志於外科或是行善的讀者作為一個參考的借鏡，並與他一起在外科的領域或自己的人生大道上，做一個讓別人、也讓自己幸福的人！

人生因利他而豐富：一位外科醫師的行醫路

作　　者／張耀仁主述；稅素芃撰文
發 行 人／王端正
總 編 輯／王志宏
企劃編輯／曾慶方、楊金燕
叢書主編／蔡文村
叢書編輯／何祺婷
美術指導／邱宇陞
資深美編／蔡雅君
封面攝影／范宇宏
校　　對／佛教慈濟醫療財團法人人文傳播室
內頁排版／極翔企業有限公司
出 版 者／經典雜誌
　　　　　財團法人慈濟傳播人文志業基金會
地　　址／台北市北投區立德路二號
電　　話／ 02-2898-9991
劃撥帳號／ 19924552
戶　　名／經典雜誌
製版印刷／禹利電子分色有限公司
經 銷 商／聯合發行股份有限公司
地　　址／新北市新店區寶橋路 235 巷 6 弄 6 號 2 樓
電　　話／ 02-2917-8022
出版日期／ 2019 年 12 月初版
定　　價／新台幣 360 元

版權所有 翻印必究

ISBN 978-986-98029-5-6 (精裝)

Printed in Taiwan

國家圖書館出版品預行編目 (CIP) 資料

人生因利他而豐富：一位外科醫師的行醫路 / 張耀仁主述；稅素芃撰文 . -- 初版 . -- 臺北市：經典雜誌，慈濟傳播人文志業基金會，2019.12
304 面；15x21 公分
ISBN 978-986-98029-5-6（精裝）
1. 張耀仁 2. 醫師 3. 臺灣傳記
783.3886　　108020808